Von Esi und Volker
zum 72. Geburtstag

Herbert Köfer versteht es, einen ganz bestimmten Nerv bei seinem Publikum zu treffen. »Volkstümlichkeit« wäre eine zu pauschale Erklärung dafür, und da kommen einem längst vergangene Fernseherlebnisse wie »Rentner haben niemals Zeit«, »Geschichten übern Gartenzaun«, »Familie Neumann«, »Der Lumpenmann«, um nur einige zu nennen, in den Sinn. Aber dieser Begriff reicht nicht aus, um dem Phänomen beizukommen, dass der Schauspieler Köfer etwas zu sagen hat, selbst jenen, die über Schwänke und Kleine-Leute-Geschichten die Nase rümpfen. Filme wie »Fragen an einen alten Mann«, »Wolf unter Wölfen«, »Grenadier Wordelmann«, »Nackt unter Wölfen«, »Krupp und Krause« zeigen einen profilierten, einprägsamen Interpreten, dem die Bezeichnung »Charakterdarsteller« mit Fug und Recht gebührt. Und dann gibt es noch die Leute, die auf den charmanten Plauderer beim »Kessel Buntes« oder am »Blauen Fenster« schwören, die den singenden und Geige spielenden Köfer schätzen.

Er sortiert seine Arbeit nicht in Schubläden ein, hier Charakterfach und da Unterhaltungskunst. Dass Vielseitigkeit eine Grundvoraussetzung für den Beruf des Schauspielers ist, betrachtet er als Selbstverständlichkeit.

Herbert Köfer

99 und kein bisschen leise

Eulenspiegel Verlag

INHALT

Blick zurück nach vorn 9

Bretter, die die Welt bedeuten

Mein Publikum ist baff 15
Fröhliche Weihnachten 17
Wenn Theater, dann aber richtig 20
Einfach großartig! 23
Irgendwas wird Ihnen schon einfallen! 26
Zu früh 29
Der müde Tod 30
Kritikerworte 31
Schräge Bühne, schräge Worte 33
Überlänge 35
Wenn der Intendant im Publikum sitzt 37
Was dann? 38
Abschied vom Deutschen Theater 39

Frühe Fernsehjahre

Fernsehstart 43
Einschaltquote 44
Coram publico 46
Zirkusdirektor 47
Der Vorhang fällt 48

Prominenz ist relativ 49
Da lacht der Bär 51
Aus dem Auge verloren 53
Prosit Neujahr! 54
Ost-West-Gespräch 56

Vor den Kameras von DEFA und DFF

Verhinderte Karriere 65
Kaiman in der Kiste 67
Hauptrolle 68
Ein Schaf geht in den Westen 68
Das größte Kompliment 70
Ausgetrickst 73
Erschossen 75
Der Meister-Reiter 76
So ein Schlitzohr! 79
Mitbringsel 80
Einmal und nie wieder 82
Haariges 83
Vertane Chance 84

Auf vielen Bühnen zu Hause

Anfang und Ende einer Karriere 89
Ruhm im Kerzenschein 91
So ein Lackaffe 94
Wenn die Gedanken wandern 95

Nicht mehr erwünscht … 98

»Distel«-Leute … 99

Da stellen wir uns mal ganz dumm … 100

Dankbarkeit … 101

Vorschrift ist Vorschrift … 104

Der Schmerz … 106

Keine Kabarettnummer … 108

Als ich unter die Reporter ging … 111

Bondartschuks Waterloo … 112

Clownsnummer, nicht jugendfrei … 114

Pointenklau … 115

Wer anderen eine Grube gräbt … … 116

Probentermin … 117

Ahrenshoop … 118

Noch eine »Haus«-Geschichte … 120

Tierparkgeschichten … 121

Premiere in Cottbus … 124

Herzklopfen … 127

Eine berühmte Familie … 128

Orchestermusiker? … 129

Köfers Komödiantenbühne … 130

Ein Traum rüttelt mich wach … 133

Blutiger Auftritt … 141

Freunde, Kollegen, Erinnerungen

Meine Film-Ehefrau … 145

Freund Felinau … 146

Eine Seefahrt, die ist lustig … … 148

Wie ich fast einen guten Freund verlor 150
Curt Bois 153
Marianne Kiefer 155
Ursula Karusseit 157
Geburtstagsgeschenke 160
Ein Geschenk mit Folgen 163
Der Tausendsassa 165
Rollenträume 167
Rekorde 170
Schlussworte 173

BLICK ZURÜCK NACH VORN

Bei der Geburt eines Kindes spricht man ja immer von einem »freudigen Ereignis«. Natürlich freute sich auch mein Vater, als ich am 17. Februar 1921, nachts um halb vier, mithilfe einer Hebamme entbunden wurde, aber sein Glück war wohl etwas getrübt, denn er hatte gerade seine recht gut bezahlte Stelle als Schlosser beim Flugzeugkonstrukteur Harlan auf dem Flughafen Johannisthal verloren. Als Gewerkschafter setzte sich Vater für die Rechte der Mitarbeiter ein und wurde daraufhin auf die Straße gesetzt.

Begrüßt habe ich meine Eltern mit dem Hinterteil. Steißlage. Irgendwie komisch! Eine dolle Nummer, und gerade erst geboren. Nur dass es eben keinen Applaus gab. So ungewöhnlich wie mein erster »Auftritt« war dann eigentlich auch mein ganzes Leben. Mal war ich Tollpatsch, mal war ich Held, mal mutig, mal feige, mal hatte ich Glück im Unglück, mal sah ich keinen Weg, und ein anderer war da und wies ihn mir. Mal gab es Freunde, die mich enttäuschten, mal Fremde, die mir unerwartet zur Seite standen. Ganz ungewöhnliche Dinge habe ich erlebt. Und wer weiß, vielleicht lag es daran, dass ich nicht zuerst mit dem Kopf, sondern eben mit dem Hinterteil auf die Welt kam. Das ist wissenschaftlich sicher keine untermauerte These, aber ich behaupte das einfach mal: Der Hintern – das ist der Bringer! Die Hebamme meinte: »Er wollte der Welt zeigen, was er von ihr denkt!«

Die Zeit meiner irdischen Premiere ist, wie ich zugeben muss, nun schon ein paar Tage her ... Ich verrate kein Geheimnis, wenn ich sage, dass ich vor neunundvierzig Jahren meinen 50. Geburtstag gefeiert habe. Unser großartiger Wanderer und Lebensdichter Theodor Fontane hat einmal gesagt: »Es kommt alles auf die Beleuchtung an.« Möglicherweise dachte er dabei ja auch an das Alter. Im kommenden Jahr werde ich konsequenterweise meinen 100. Geburtstag feiern.

In einem Artikel las ich einmal, »Köfer – der Mann, der in vier Epochen lebte.« Ich rekapituliere: das Kaiserreich habe ich knapp verpasst, zur Zeit der Weimarer Republik geboren, die furchtbaren Jahre des Dritten Reiches überstanden, im ersten sozialistischen Staat auf deutschem Boden gelebt und gearbeitet, im wiedervereinten Deutschland angekommen. Angekommen? »Ich habe immer gesucht – manchmal sogar mich selbst.« Ich weiß nicht mehr, wann ich diesen Satz notierte – in einer Stunde euphorischer Beschwingtheit gewiss nicht. Ich stieß auf den vergilbten Zettel, als ich in alten

Unterlagen kramte. Diesen Satz kann ich auch heute noch gelten lassen, dachte ich bei mir. Der schnodderige Berliner Witz, der mir zum Glück in die Wiege gelegt wurde, fuhr dazwischen: Wer sucht, der findet. Du hast den Beruf gefunden, der dir Erfüllung und Anerkennung brachte, hast Freunde und wunderbare Kollegen gefunden, hast das Glück erfahren, Familie und Kinder zu haben, hast die beste Frau der Welt an deiner Seite, und dein Publikum hält dir die Treue und vor allem, wie du selbst sagst: Es hält dich jung!

Bretter,
die die Welt
bedeuten

Immer wieder Theaterluft atmen! Seit achtzig Jahren auf der Bühne ...

MEIN PUBLIKUM IST BAFF

Der Wunsch, berühmt zu werden, ist wie Masern oder Mumps. Fast jeden erwischt es. Danach ist man geheilt. Und wird Schlosser, Bäcker oder Polizist.

Ich bekam meine musischen Masern, als sich meine Eltern einen Rundfunkempfänger kauften. Der musste der ganzen Verwandtschaft vorgeführt werden.

Vater hatte auch ein Mikrofon und einige Meter Kabel erworben. Man steckte den Draht hinten in die Holzkiste mit den Röhren und dem grünen »magischen Auge«, zog die Strippe ins Nebenzimmer und konnte Radio »spielen«.

Eines Tages also versammelte sich die familiäre Gemeinde zum kollektiven Staunen. Da fliegen die Wellen also durch die Luft, ach so, den Äther, und kriechen dann da in dieses Ding, und wir können das hören?

Ja, so ungefähr, erklärte der stolze Besitzer und knipste den Kasten an. Bitte Ruhe, sagte er, die Röhren brauchten einige Zeit, ehe sie warm würden. Dann gehe es auch schon los.

Die Verwandtschaft rührte in den Kaffeetassen und langte nach dem Selbstgebackenen.

»Guten Tag, meine Damen und Herren. Sie hören jetzt ein Violinkonzert von Joseph Haydn, gespielt von Herbert Köfer.«

Tanten und Opas, Onkel und Omas schauten sich entsetzt an und hielten mit Rühren inne.

Was war denn das?

Erst dieses neumodische Gerät, und dann – ja, dass der kleine Herbert Geigenunterricht bekam, das wussten sie, aber war Herbert ein Geigenvirtuose, ein Wunderkind, ein Mozart?

Vater, so ließ ich mir sagen, denn ich konnte es ja nicht sehen, weil ich im Nebenzimmer saß, hätte stolz wie ein Spanier geblickt.

»Carl, der Herbert ist im Radio. Hörst du!«

Er gab sich erstaunt.

Auf die Qualität meines Vortrags war gehustet. Ich fiedelte, was der Bogen hergab.

Nun, der Trick ließ sich nicht lange verheimlichen, und ich bestreite nicht, dass mich der anerkennende Applaus viel mehr berauschte als der Spaß, die Verwandtschaft an der Nase herumgeführt zu haben. Deshalb gab es schon bald eine Fortsetzung. Meine »Rundfunkkonzerte« erfreuten sich großer Beliebtheit – wie ich meinte. Ich war davon überzeugt, dass die Zuhörer nicht wegen Kaffee und Kuchen kamen, sondern um mich zu hören.

FRÖHLICHE WEIHNACHTEN

Ich will eine Geschichte aus meiner Kindheit erzählen, die allerdings nichts mit meinem späteren
Berufswunsch zu tun hat. Aber »theaterreif« war
durchaus, was da geschah:

Weihnachten wurde bei uns immer groß gefeiert
und darum musste der Baum auch groß sein. Immer
so um die zwei Meter. Ich war so zwischen sechs
und zehn Jahre alt. Einen Weihnachtsmann gab es
auch. In jenem Jahr war es mein Onkel Ernst. Im
Jahr zuvor Onkel Herrmann, beides Brüder meiner Mutter. Beide waren Kutscher (wenn es diese
Berufsbezeichnung überhaupt gab) und als solche
transportierten sie Bier und andere Alkoholika mit
einem Pferdewagen in die verschiedensten Berliner
Kneipen. Nachdem die beiden die zehnte Kneipe
beliefert hatten war der »Einsatz« bei uns vergessen, und sie beschlossen, die Pferde in den Stall
zu bringen. Das heißt, beschlossen haben sie gar
nichts. Sie schliefen auf dem Kutschbock lediglich
ein, was für die braven Gäule bedeutete: Der Wagen ist leer, die Kutscher sind voll, auf nach Hause.
Sie kannten den Weg.

Im Stall angekommen waren Herrmann und Ernst
fast nüchtern, nahmen ein Taxi und erschienen doch

noch pünktlich zur Bescherung. Ich stand schon bereit, geschniegelt und gespornt.

Herrmann hatte sich versteckt, Ernst sah so böse aus, wie er nur konnte, und sagte: »Ich bin der Osterhase.« Danach lachte er.

Mich verwirrte dieser Humor ein wenig. Dann sagte er: »Ich bin der Weihnachtsengel.«

Das reichte meinem Vater. Er packte den nicht ganz nüchternen Ernst bei den Schultern und schob ihn in die Küche. Ernst ließ sich geduldig einen Krug Wasser über den Kopf gießen.

Vater kehrte ins Zimmer zurück und sagte, der Weihnachtsmann müsse dringend weg, und er sei beauftragt worden, die Geschenke zu verteilen.

Onkel Ernst wurde ins Bett verfrachtet, Onkel Herrmann kam aus seinem Versteck, und Mutter zündete die Kerzen an. Das Fest konnte beginnen.

Die Geschenke wurden aus einem großen Sack geholt – ich will nicht aufzählen, was da alles zutage kam, denn mich interessierte ein längliches Paket, das neben dem Sack an der Wand lehnte.

Ernst erschien, inzwischen ausgeschlafen. Mutter legte die Weihnachtsplatte auf. Der Sack war leer und das längliche Paket wurde mir von Onkel Ernst und Onkel Herrmann übergeben, denn es war ihr Geschenk an mich. Ein Luftgewehr.

Ehe ich mich freuen konnte, entriss mir Vater die Knarre und rief: »Mein Sohn bekommt kein Kriegswerkzeug geschenkt!«

Ernst erwiderte: »Das ist ein Sportgewehr, damit schießt man auf Scheiben.«

»Das ist genau wie unser Karabiner«, entgegnete mein Vater, »hier Kimme, da Korn.«

Er kniete nieder und begann, das Gewehr zu erklären. »Damit haben wir in Frankreich im Schützengraben gelegen und die Front jahrelang gehalten. Habt ihr auch Munition besorgt?«

Sie hatten: Bolzen und Kugeln.

Vater wurde immer wilder und legte an.

»Halt«, schrie Mutter, »nicht auf die Weihnachtskugeln. Habt ihr keine Scheiben?«

»Nein«, sagte Ernst, »aber wir können den halbmetergroßen Schoko-Osterhasen nehmen, den wir Herbert im vorigen Jahr geschenkt haben. Schokolade soll man sowieso nicht so lange aufheben.«

Er stellte den Hasen, der immer noch vor dem großen Spiegel stand, ans Ende unseres fünf Meter langen Korridors. Vater schmiegte sich auf den Fußboden wie Gary Cooper in die Prärie, drückte ab, peng. Kopf ab, großes Gejohle. Meine nach dem Gewehr ausgestreckte Hand wurde übersehen.

Ernst, Herrmann und Vater wechselten sich ab. Der Hase wurde immer kleiner. Nach etwa zwei Stunden reichte mir Vater das Gewehr. »Hier mein Sohn, nun du!«, dann gingen sie Skat spielen.

Da stand ich nun mit meinem Weihnachtsgeschenk. Vom Osterhasen war nur ein Häufchen Schokolade übrig. Und – die »Munition« war auch alle.

WENN THEATER,
DANN ABER RICHTIG

1937 hatte ich die Schule beendet und nahm, wie meine Eltern es für mich bestimmt hatten, eine kaufmännische Lehre auf. Eines Tages entdeckte ich in einer Zeitung eine Annonce. Ich gestehe: Ich hatte danach gesucht. Ich wollte Schauspieler und nicht Kaufmann werden. Doch die Schule nahm nur jene auf, die eine Eignungsprüfung bestanden hatten. In der Anzeige suchte man Mutige, die sich für talentiert hielten und ihre vermeintliche oder tatsächliche Eignung für den Schauspielberuf bestätigen lassen wollten.

Ich meldete mich heimlich, wie ich auch heimlich die Texte auswendig lernte, die ich sprechen sollte. Es waren längere Passagen aus Kleists »Prinz von Homburg« und Schillers »Räuber«. Die Generalprobe absolvierte ich am Telefon, indem ich als Carl Köfer in der Schule in Spandau meinen Sohn Herbert krank meldete.

Ich ging also nicht ins Büro, sondern zur Prüfung. Am Ende bekam ich es schwarz auf weiß: »Die Eignung zum Schauspielberuf scheint gegeben.« Offenkundig scheuten die Prüfer, dem Prüfling Talent zu attestieren. Es schien ihnen nur so, dass er vielleicht eines besäße. Egal, letztlich hatte es mit dem Anruf und dem Test doch wunderbar geklappt.

Ich war in Höchststimmung und meinte, mir einen freien Tag verdient zu haben. Also rief ich wieder als mein Vater in der Lokomotivfabrik Orenstein & Koppel an und meldete meinen Sohn Herbert Köfer krank. Mein Anruf war erneut überzeugend. Man wünschte meinem Sohn, also mir, beste Genesung.

Natürlich musste ich nun das Haus verlassen. Allerdings hatte ich morgens mein Frühstücksbrot liegen lassen. Meine um mein Wohl besorgte Mutter bemerkte dies wenig später, setzte sich in die S-Bahn nach Spandau und wollte mein Pausenbrot abgeben. In der Buchhaltung war man überrascht. »Der Herbert liegt doch mit hohem Fieber daheim im Bett.«

Nichtsahnend kam ich am Abend zur gewohnten Zeit nach Hause. Auf Mutters Frage, wo ich denn gewesen sei, antwortete ich: »Dumme Frage – im Betrieb.« Ihr Schlag mit der flachen Hand in mein Gesicht saß. Noch nie hatte sie mich geohrfeigt. Ich spürte erstmals: Die Kunst verlangt Opfer. Aber warum solche schmerzhaften?

Rettung nahte in Gestalt meines Vaters, und nachdem ich ein überzeugendes Plädoyer für die Schauspielkunst und gegen das profane kaufmännische Gewerbe gehalten habe, wird er fast weich und ist bereit, seine Entscheidung zu überdenken.

Alsbald traf Post von der Schauspielschule ein. Man wollte mich. Da ich noch keine achtzehn war, sollten meine Eltern mich zum Gespräch an die Schauspielschule begleiten.

Der Direktor der Schule war freundlich und sehr überzeugend. Auf dem Gang zur Tür sagte er wie beiläufig: »Ihr Sohn ist begabt, ohne Zweifel, aber er hat abstehende Ohren. Es wäre besser, wenn Sie diese operativ anlegen ließen.« Operieren? Nein, das kam auf keinen Fall in Frage!

Statt Skalpell wählte ich Mastix. Damit kann man sich falsche Bärte ankleben. Warum nicht auch Ohren? Allerdings hatte der Kleister eine Macke: Wenn er warm wird, lässt die Wirkung nach.

Eines Tages werde ich nach dem Unterricht zum Direktor bestellt. In seinem Zimmer ist es sehr warm. Ich merke, wie es hinter meinen Ohren zieht, und ahne Schlimmes. Der Direktor redet und redet, und plötzlich macht es »plopp« und das rechte Ohr steht ab. Der Direktor redet weiter. Wieder macht es »plopp«, das linke Ohr steht ab.

Der Direktor blickt mich fassungslos an, lange, sehr lange, dann fängt er schrecklich zu lachen an und sagt: »Köfer, Köfer, Sie werden bestimmt mal Komiker.«

EINFACH GROSSARTIG!

Ich war neunzehn, und es war Krieg seit dem 1. September 1939. Ich hatte eine dumpfe Ahnung, dass man auch mich bald holen könnte. Also weg aus Berlin, sagte ich mir, ganz weit weg. »Nach Brieg«, raunte ein Theateragent, »da sucht die Landesbühne Schauspieler für ihr Tourneetheater. Heute hier und morgen da, du verstehst?«

»Brieg, wo liegt das? Nie gehört.«

»Tief in Schlesien, eine Stadt mit einigen Zehntausend Einwohnern, da findet dich die Wehrmacht nicht.«

Ich packte meine Koffer, quittierte die Ausbildung an der Schauspielschule ohne Abschluss, verabschiedete mich von den Eltern und stieg in die Bahn. Unterwegs träumte ich von Rollen als junger Held und draufgängerischer Liebhaber.

Der Intendant sagte zur Begrüßung nur: »180 Reichsmark im Monat. Sie spielen den Leutnant von Holtzendorf in ›Katte‹ von Hermann Burte.«

Hm, antwortete ich vage. Das Stück stammte aus dem Jahr 1914, doch Burte, ein aktiver Parteigänger der Nazis, wurde inzwischen auf allen Bühnen gespielt. Sein deutsch-völkisches Pathos, sein rassistischer und antisemitischer Gestus waren gefragt.

Wenn ich schon Burte spielen musste: Warum nicht den Kronprinzen? Diese tragische Freundschaft, die gewaltsam endet mit der Hinrichtung Kattes, der Friedrich beiwohnen sollte …

Ich biss mir jedoch auf die Zunge. Und tat gut daran. Am Tag vor der Premiere erkrankte Friedrich. Der fahrige Inspizient drückte mir einen Zettel des Regisseurs in die Hand: »Übernahme Rolle Friedrich! Rolle lernen! Erster Auftritt morgen Abend!« Drei Ausrufezeichen.

In der Nacht studierte ich mir die Augen wund, am Morgen erklomm ich hundemüde den Bus. Neben mich setzte sich Ursula Braun, auch sie Jungschauspielerin. Sie fieberte gleich mir ihrem Auftritt als »Wilhelmine« entgegen. Im ruckelnden Gefährt studierten wir unsere Rollenbücher bis zum Gastspielort.

Der Vorhang öffnete sich zum ersten Bild. Auf der Bühne: wir beide. Meine Beine: wie Pudding. Der Hals: verstopft mit einem riesigen Kloß. Und der Kopf: leer wie die Magdeburger Halbkugeln.

Laut Drehbuch sollten wir sagen:

Friedrich: Wie steht es?

Wilhelmine: Schlecht!

Friedrich: Keine Hoffnung?

Wilhelmine: Keine!

Doch mir fiel nichts ein. Alles weg. Ich starrte Ursula an und sie mich. Totenstille. Das kann doch nicht wahr sein, denke ich, wieso fällt mir nicht der

erste Satz ein? Er ist weg wie Schnee in der März-
sonne. Getaut, geschmolzen, passé. Verflucht noch
mal, wie lautete der erste Satz? Es steht schlecht um
dich, Köfer, schlecht um deine Zukunft ...

Natürlich, das war's!

»Wie steht es?«

Wilhelmine schoss sofort zurück, sie legte ihren
ganzen Unmut über diesen Hänger in die Stimme.
»Schlecht!«

Der Schuss traf mich und pustete meinen nächsten Satz aus dem Hirn. Ich schwieg. Wieder dehnte
sich eine unendliche Pause. Mein erster Auftritt,
und so total verhauen! Ich hätte doch besser auf
meinen Vater hören und Kaufmann werden sollen.
Doch plötzlich war der Satz wieder da.

»Keine Hoffnung?«

»Keine!«, donnerte Ursula zurück. Ihre Kano-
nenkugel zerschlug das Eis. Mein Text tauchte
wieder auf. Ohne Hänger spielte ich das Stück zu
Ende. Der Vorhang fiel. Donnernder Applaus. Ich
erwartete das Donnerwetter des Regisseurs. Doch
der kriegte sich vor Begeisterung nicht ein. »Köfer,
großartig! Dieses bange Schweigen am Beginn –
einfach großartig.«

Ich war stolz auf mich. Mein erster Erfolg. Wenngleich reichlich unverdient.

Nach der dritten erfolgreich gespielten Rolle bekam ich die Urkunde »Staatlich geprüfter Schauspieler«.

IRGENDWAS WIRD IHNEN SCHON EINFALLEN!

Ich hatte den Fehler gemacht, mich wieder in Berlin blicken zu lassen – ein paar Tage später, im Juni 1941, lag der Einberufungsbefehl im Briefkasten.

Nach vier Kriegsjahren kam ich, entlassen aus britischer Gefangenschaft, in meine zerstörte Heimatstadt zurück. Ich wusste nicht, wohin ich hätte gehen sollen, und noch weniger, was ich tun sollte.

Meine Eltern waren inzwischen in ihr kleines Haus nach Dreilinden gezogen, und meine immer praktisch denkende Mutter sagte: »Du musst nach Kleinmachnow aufs Amt. Wenn du registriert bist, bekommst du eine Lebensmittelkarte. Die brauchst du. Wir können dich nicht mit durchfüttern.«

Ja, meinte ich, und verstand, dass ich in diesem ganzen Chaos und Elend die beiden nicht zusätzlich belasten durfte.

Am nächsten Morgen schwang ich mich auf meines Vaters Rad und trampelte nach Kleinmachnow, um mich anzumelden. Ich beobachtete neugierig das Leben auf der Straße, musterte Aushänge und Plakate, sog die Freiheit in mich ein. Vor einem gediegenen Gebäude informierte ein Schild: »Neues Berliner Künstlertheater«. Das war doch aber

Kleinmachnow, nicht Berlin ...? Ich stoppte dennoch und stieg vom Rad. Sollte ich mal nachfragen? Schließlich war ich Schauspieler. Doch wie sah ich aus? Ich musterte mich von unten bis oben, raffte meinen ganzen Mut zusammen und klopfte an die Tür.

Ein Hüne von Mann öffnete. »Bitte?«

»Sie sind ein Theater?«

Er grinste. »Ich bin kein Theater. Aber wir sind dabei, eins auf die Beine zu stellen.«

»Suchen Sie Schauspieler? Ich bin nämlich einer.«

Der Hüne verengte seine Äuglein zu einem Schlitz. »Wann ausgebildet, wo gespielt?«

Ich ratterte meine kurze Karriere herunter.

»Kommen Sie rein. Können Sie was vorsprechen?«

»Darauf bin ich nicht vorbereitet. Ich bin gerade erst aus Kriegsgefangenschaft nach Hause gekommen.«

»Irgendetwas wird Ihnen schon einfallen.«

In diesem Moment öffnete sich eine Tür. Den Mann kannte ich. Das war doch Richard Häussler. In jedem Jahr kamen mindestens zwei, drei UFA-Filme mit ihm in die Kinos, in denen der Münchner stets kultivierte Männer spielte.

»Hätten Sie mal eine Minute Zeit, Herr Häussler? Dieser junge Mann hier – wie war doch gleich Ihr werter Name?«

»Köfer, Herbert Köfer.«

»Herr Köfer ist Schauspieler. Ich denke, wir brauchen noch ...?«

Häussler machte eine einladende Handbewegung. »Nun, junger Freund«, sagte er gönnerhaft und mit rollendem »R«. »Dann wollen wir mal.«

Nach einigen Minuten der Sammlung fielen mir Szenen aus Schillers »Räuber« und Goethes »Egmont« ein, als Zugabe lieferte ich etwas aus einer zeitgenössischen Komödie von Curt Goetz.

Die beiden waren sichtlich mit mir zufrieden.

»Ich bin übrigens der Direktor«, sagte der Hüne. Er fertigte sogleich einen Jahresvertrag aus. 450 Reichsmark pro Monat.

Was Besseres konnte mir nicht widerfahren.

Der Direktor Karl Heinrich Worth nannte mir Tag und Uhrzeit, wann ich mich zur Probe im Kino von Kleinmachnow, das »Kammerspiele« hieß, einfinden solle. Dann erhob er sich und reichte mir die Hand: »Auf gute Zusammenarbeit!«

Es wurde eine. Wir arbeiteten zwei Jahre gut zusammen. Als Erstes spielte ich in dem Kriminalstück »Parkstraße 13« den Schauspieler Nordau, stand dann in der »Braut von Messina« und in Max Halbes »Der Strom« auf der Bühne – und zum ersten Mal auch in einem Schwank, dem »Raub der Sabinerinnen«. Es war wunderbar, Menschen, noch dazu in schwerer Zeit, zum Lachen zu bringen.

ZU FRÜH

Unser »Neues Berliner Künstlertheater« hatte zwar einen tollen Namen, aber das umgebaute Kino blieb doch ein Provisorium. Die Bühne war nur von der Straße aus zu erreichen.

In Schillers »Braut von Messina« spielte ich den »Don Caesar«, einen der beiden verfeindeten Söhne der Fürstin Isabella. Bei der Premiere stand ich draußen, auf der Straße, und wartete mit großer Spannung auf meinen Auftritt, um in rasender Eifersucht Don Manuel, meinen Bruder, zu erstechen.

Die Straße war belebt, ich verstand nur schlecht, was drinnen gesprochen wurde. Irgendwann glaubte ich, mein Stichwort vernommen zu haben und stürmte mit gezücktem Dolch auf die Bühne. Ich sah den verschreckten Blick des Kollegen und rammte ihm die Klinge bis zum Heft in die Brust. Im Zusammensinken zischte mir Don Manuel noch ins Ohr: »Na warte!«

Dieses »Na warte« machte mich nachdenklich – das war doch nicht Schiller? Da durchzuckte es mich – ich hatte dem Kollegen die wichtigste Szene »weggestochen«.

Der Theaterkritiker Fritz Erpenbeck schrieb am nächsten Tag: Interessante Inszenierung, gute

Schauspieler, nur leider verstehe ich die umfangreiche Textstreichung nicht, mit der der Regisseur das Stück ein wenig unverständlich machte.

DER MÜDE TOD

In einigen Inszenierungen des »Neuen Berliner Künstlertheaters« spielte ich gemeinsam mit Richard Häussler. Oft haben wir noch nach der Vorstellung zusammengesessen. Er war ein wunderbarer Anekdotenerzähler. Eine Geschichte möchte ich Ihnen nicht vorenthalten:

Neben seiner Filmarbeit spielte Häussler auch Theater. Eine seiner bekanntesten Rollen war der Marquis von Posa im »Don Carlos«. Am Tag der Premiere musste er vor der Vorstellung in Babelsberg drehen. Woyzeck nach Büchner, er spielte den Tambourmajor. Die Dreharbeiten ziehen sich hin, und so kommt er zwar abgekämpft und müde, aber noch pünktlich ins Theater.

Er ist ein wunderbarer Posa, aber das Stück ist ziemlich lang und Häussler ist glücklich, dass er endlich die Stelle erreicht, an der er erschossen wird. Wie es die Regie verlangt, bricht er auf einer Bank zusammen und bleibt als Toter liegen.

Auf der Bühne folgt ein langes Gespräch zwischen König Philipp und Carlos – ein sehr leises Gespräch.

Häussler schläft auf der Bank ein. Er schläft ganz ruhig bis zu der Stelle, an der Carlos sich auf die Leiche stürzt und brüllt: »Blutender vergib, dass ich vor solchen Ohren es entweihe ...«

Da wird Häussler wach, richtet sich auf, bemerkt sofort, wo er sich befindet und lässt sich unter Zucken wieder auf die Bank fallen. Die auf der Bühne stehenden Schauspieler erstarren, das Publikum tobt – und ein Kritiker findet am nächsten Tag die Idee des Regisseurs, Marquis Posa zweimal sterben zu lassen, gar nicht so schlecht.

KRITIKERWORTE

Ich habe bei mir zu Hause eine ganze Regalwand mit Programmheften, Fotoalben, Zuschauerpost, Rezensionen.

Ob ich überhaupt Kritiken lese?

Aber ja.

Der Schauspieler weiß natürlich, dass er Teil eines Ganzen ist, und wie das Ganze angekommen ist, das will er in der Regel wissen, aber noch viel mehr, wie weit er selbst zum Gelingen oder auch Nichtgelingen beigetragen hat. Mal fühlt man sich verstanden, mal nicht. Mal zu Recht gelobt oder zu Unrecht getadelt. Oder auch umgekehrt. Mal freut man sich, mal steigt Ärger auf. Und wenn ich

»man« sage, kann sich jeder meiner Kollegen aus-
nehmen oder sagen, so halte ich es auch.

Ob ich in diesen Ordnern und Mappen meiner
großen Regalwand hin und wieder stöbere und lese?

Nein, dafür fehlt mir die Zeit, und dafür bringe
ich keine Muße auf. Das Bedürfnis, alten Zeiten
nachzuhängen, verspüre ich sowieso nicht.

Eine Theaterkritik aber habe ich nie vergessen.
Ich muss die Vorgeschichte erzählen:

Lieber ein Ende mit Schrecken als ein Schrecken
ohne Ende, sagten wir uns an unserem Kleinmachnower »Berliner Künstlertheater«, denn in Berlin
hatten nach und nach die Spielstätten den Betrieb
wieder auf- und uns das Publikum weggenommen.
Doch Richard Häussler verfügte über gute Kontakte
und vermittelte mich an die »Tribüne am Knie«,
Berlins ältestes Privattheater. Viktor de Kowa hatte
das Haus am 1. Juni 1945 als erstes Theater in Berlin nach dem Kriege wiedereröffnet. Jetzt, im Jahr
1947, standen Literaturtheater und Boulevardstü-
cke auf dem Programm. Ich meldete mich bei Viktor de Kowa. Schon als Kind schwärmte ich für ihn.
Fast keine Kinokomödie, in der er nicht mitspielte.
Als Schauspieler wusste er in seiner neuen Rolle als
Regisseur und Theaterleiter mit den Kollegen be-
hutsam umzugehen.

Mit seiner markanten, ein wenig schneidend
klingenden Stimme sagte er: »Wir bereiten zwei
Stücke vor – ›Das Haus der verbotenen Liebe‹,

ein Boulevardstück, und von Heinrich Spoerl ›Die weiße Weste‹. Kennen Sie das?«

»Heinrich Spoerl ist doch der mit der ›Feuerzangenbowle‹ und Heinz Rühmann?«

De Kowa legte sein bekanntes diabolisches Lächeln auf. »Sie haben eine weiße Weste?«

Ich verstand nicht.

»Nun, Sie sollen in der Korruptionskomödie den jugendlichen Liebhaber übernehmen.«

Ich tat es. Obwohl Spoerls Stück nicht gerade zu seinen besten gehörte, amüsierten sich die Zuschauer im Saal wie Bolle. Selbst die Rezensenten fühlten sich ungewöhnlich angeregt. Einer notierte und gab es der vergnügten Leserschar zur Kenntnis: »Herbert Köfer war ein etwas schmalbrüstiger Liebling – kein Wunder bei Lebensmittelkarte 3.«

SCHRÄGE BÜHNE, SCHRÄGE WORTE

Ich probierte manches aus, ohne dass sich daraus etwas Dauerhaftes entwickelte. Regisseur Heinz Wolfgang Litten holte mich 1947 ins Ensemble der Volksbühne. Das Haus am Bülowplatz – der in den 1933 beginnenden Tausend Jahren den Namen Horst-Wessel-Platz trug und in der Zeit, von der ich hier spreche, Liebknechtplatz hieß – war kurz vor

Kriegsende von einer Fliegerbombe getroffen worden und völlig ausgebrannt. Die Volksbühne wurde wiederaufgebaut und 1954 eröffnet. Vorerst spielte man im »Haus Vaterland« am Potsdamer Platz. Mehr als hundertmal zeigten wir dort Herrmann Mostars Hitler-Satire »Der Zimmerherr«. Dann zogen wir um in ein ehemaliges Kino in der Kastanienallee im Prenzlauer Berg.

In einer »Lysistrata«-Aufführung war der von mir sehr bewunderte Friedrich Gnaß als Bote besetzt. Obgleich die Uhrzeit überschritten war, blieb der Vorhang unten. Gnaß war nicht da. Eine Viertelstunde wartete Regisseur Franz Reichert noch, dann beschloss er, die Rolle des Boten selbst zu spielen. Länger konnten wir auf keinen Fall warten, das Publikum im Saale wurde sichtlich unruhig. Reichert zwängte sich in der Garderobe in das Kostüm von Gnaß. Da torkelte der Verspätete herein.

»Zieh das Kostüm aus«, rief er, »das ist meins!« Er langte nach dem vermeintlichen Dieb, den er offenkundig nicht erkannte.

Reichert warf die Kleider von sich. Nichts lieber als das.

Die Bühne war geneigt. Die Schräge stieg nach hinten, um auf diese Weise die Perspektive zu verlängern. Gerry Wolff und ich, beide jung an Jahren, verkörperten zwei Alte. Wir standen bereits auf der Bühne, als Gnaß aus der Kulisse trat. Ich überlegte: Was würde er auf der Schräge machen? Wenn er sie

nicht als eine solche wahrnahm und meinte, nicht
der Boden, sondern er selbst stünde schräg, würde
er sich zwangsläufig nach vorn neigen, um in die
Aufrechte zu gelangen ... Wolff und ich starrten uns
in Erwartung des Sturzes entgeistert an.

Doch Friedrich Gnaß schien das Problem zu be-
herrschen. Er taumelte zwar nach vorn, blieb aber
auf den Füßen. Erleichtert atmeten wir auf.

Dann hob Gnaß an zu sprechen. Sein Satz lautete gemäß Rollenbuch: »Es ist ein Bote da vom
Staatsrat.« Doch was sprach er mit schwerer Zunge?

»Es ist ein Bote draußen von der Staatsoper!«

Wolff und ich waren unfähig, auch nur einen Satz
zu sprechen. Da donnerte auch schon der Vorhang
herunter. Reichert hatte kapituliert und brach die
Vorstellung ab.

ÜBERLÄNGE

Im Sommer 1949 hatte ich mich einem von Robert
Trösch gegründeten Kabarett angeschlossen. Der
aus der Schweiz stammende Schauspieler war zehn
Jahre älter als ich und hatte zu Beginn der dreißiger
Jahre der Agitpropgruppe von Gustav von Wangen-
heim angehört. Erika Mann holte ihn dann in ihr
Kabarett »Die Pfeffermühle«. Nun führte er die
»Kleine Bühne Berlin« mit einem halben Dutzend

Schauspieler. Ein festes Haus hatten wir nicht, die erste Premiere fand in einer Metallfabrik statt – lange bevor es Mode werden sollte, in ausgefallenen »Locations« Theater zu spielen. Trösch war ein gefragter Mann, der parallel auch am Deutschen Theater Regie führte. Er hatte mir in einem sowjetischen Stück eine Rolle gegeben. Das Stück hieß »Erfolg«, wurde aber keiner, trotz aller schauspielerischen Bemühungen. Die Zeit schritt rascher über das Gegenwartstück hinweg als erwartet.

Willy A. Kleinau spielte in dem Stück einen Kritiker. Er war kein sicherer Textlerner und holte sich die Worte aus dem »Kasten«. Das ging ganz gut – bis auf einen Tag! Er muss eines seiner Worte zweimal gehört haben und spielte demzufolge auch seine ganze Szene zweimal. Harry Hindemith, der hier sein Partner war, musste dadurch ebenfalls alles zweimal mitspielen. Wir anderen konnten nicht helfen, es war ausgeschlossen, in die Szene reinzugehen. Ich glaube, die Aufführung hat an diesem Tag fünfzig Minuten länger gedauert.

WENN DER INTENDANT
IM PUBLIKUM SITZT

Bei der Inszenierung von »Erfolg« war Intendant
Wolfgang Langhoff auf mich aufmerksam geworden. Er bot mir einen Jahresvertrag für die Saison
1950/51 an.

Meine erste Rolle am Deutschen Theater war
der Freddy in »Pygmalion«. Kurz vor den Theater-
ferien erfuhr ich, dass ich als Richard in Langhoffs
»Egmont«-Inszenierung besetzt wurde. Da habe
ich noch genügend Zeit fürs Textlernen, dachte ich
mir, fuhr mit Kind und Kegel und Hund Teddy in
den Ostseeurlaub, ließ alle Fünfe gerade sein und
sagte mir, den Text lernst du dann in Berlin, zumal
der Richard erst im dritten Bild auftritt.

Einen Tag vor Probenbeginn fuhr ich zurück
und entdeckte zu meinem Entsetzen am Schwarzen Brett: Morgen um neun Uhr, Drittes Bild: Richard – Köfer.

Mit rasendem Puls lernte ich über Nacht meinen Monolog – und brach anderentags völlig ein.
Langhoff, der üblicherweise Kritik leise unter vier
Augen und nie laut vor den Kollegen vortrug, ex-
plodierte schier. »Köfer, was machst du denn da!«,
rief er entnervt aus dem Zuschauerraum. »Das ist

wie erstes Jahr an der Schauspielschule.« Und wenig später wieder: »Du stakst wie ein Oberlehrer. Einfach schrecklich. Nein, nein, nein!«

Das war's, dachte ich mir. Der feuert dich. Dem konnte man nichts vormachen, er spürte, dass ich miserabel vorbereitet und nicht ganz bei der Sache war.

Ich mache es kurz: Er quälte mich bis zur Premiere, um mich hinterher zu loben.

Ende gut, alles gut? So war es leider nicht. Das Trauma blieb. Ich bekam jedesmal einen Krampf, wenn Wolfgang Langhoff in der Loge saß. Das merkte niemand von den Zuschauern, wohl aber die Kollegen.

WAS DANN?

Jeder wusste, dass Raimund Schelcher ein großartiger Schauspieler war, aber auch jedem war bekannt, mit welcher Schwäche er geschlagen war.

Ich spielte einige Male mit ihm, unter anderem auch 1950 in Clifford Odets' »Golden Boy«, Schelcher in der Hauptrolle: ein Boxer, der durch Alkohol seine Karriere aufs Spiel setzt.

Wie so oft, kommt Schelcher völlig betrunken zur Vorstellung. Einige Zuschauer sind schon im Theater und bemerken seinen Zustand.

»So können Sie doch unmöglich auf die Bühne gehen – so betrunken wie Sie sind«, sagt ein wütender Theaterbesucher.

»Warum denn nicht?«, lallt Schelcher, »im ersten Akt muss ich doch besoffen sein!«

»Und im zweiten und dritten Akt?«, fragt der Besucher, »da müssen Sie doch nüchtern sein, wenn ich mich recht erinnere. Was dann?«

»Ja«, sagt Schelcher, »ja, das muss man dann eben spielen!«

ABSCHIED VOM DEUTSCHEN THEATER

Von 1950 bis 1952 gehörte ich zum Ensemble des Deutschen Theaters, eine wichtige Erfahrung, an diesem wunderbaren Haus spielen zu dürfen. In dieser Zeit begann aber das Fernsehen mit seinem Versuchsprogramm, und man fragte mich, ob ich Lust hätte, am Aufbau dieses neuen Mediums mitzuwirken.

Ob es Neugier oder Abenteuerlust war, kann ich nicht mehr sagen, ich kündigte meinen Theatervertrag.

Intendant Wolfgang Langhoff zeigte sich verwundert, entließ mich aber aus dem laufenden Vertrag mit der Zusage, dass ich bis zum Ende der

Spielzeit meine Rollen am Deutschen Theater aus-
führte. Gerne.

Es gab gerade mal zehn Fernsehgeräte im Land.
Meine Theaterkollegen lachten sich kaputt: »Der
Herbert macht Fernsehen und kein Mensch sieht
ihn!«

Ich lächelte hinter vorgehaltener Hand – wir
sprechen uns später!

Frühe
Fernsehjahre

»Mit zweiundneunzig Jahren entschloss ich mich, ein Haus zu bauen.« Daheim, im neuen Haus unweit des Seddiners Sees

FERNSEHSTART

Am 21. Dezember 1952 begann das »öffentliche Versuchsprogramm« des Deutschen Fernsehfunks auf dem Gelände des neugegründeten Fernsehzentrums in Adlershof. In der Programmzeitschrift »Der Rundfunk« hatte es einige Wochen vorm Start aufklärerisch geheißen: »Das Fernsehen ist kein Rundfunk mit Bild, kein Theater mit Rundfunk und auch kein Film. Die spezifischen Eigenheiten müssen bei uns, unter Auswertung der großen Erfahrungen des sowjetischen Fernsehwesens, noch entwickelt werden. Hervorragende Politiker und Kulturschaffende unserer Deutschen Demokratischen Republik werden das Fernsehzentrum bei der Gestaltung seiner Programme wesentlich unterstützen.« Zu diesen »hervorragenden Kulturschaffenden« rechnete also auch ich.

So saß ich drei Tage vor Heiligabend in einem Studio, nicht größer als ein Wohnzimmer, vor einem halbrunden Tisch mit eingebauten Monitoren. Es herrschten tropische Temperaturen. Draußen dräute der Winter, doch ich schwitzte im gleißenden Licht ganzer Scheinwerferbatterien. Die festinstallierte Kamera konnte nicht mehr als von rechts nach links schwenken. Meine Aufgabe war es, die ersten Nachrichten zu sprechen. Noch bevor das erste Bild flimmerte, stand der Name der Nachrichtensendung fest: »Aktuelle Kamera«. Er sollte bis zur letzten Adlershofer Sendeminute ein halbes Jahrhundert später beibehalten werden. Ich versage mir an dieser wie auch an anderer Stelle, der oft geschmähten, gescholtenen und bisweilen auch verhöhnten AK auch nur ein hämisches Wort hinterherzurufen. De mortuis nihil nisi bene, über die Toten nur Gutes – das gilt auch hier.

Meine Zeit als Nachrichtensprecher währte allerdings nur einige Wochen. Dann kam der Intendant auf mich zu, um mir mitzuteilen, man werde jetzt einen richtigen Nachrichtensprecher engagieren. »Herbert«, sagte er kopfschüttelnd, »du sprichst die Nachrichten nicht. Du spielst sie.«

EINSCHALTQUOTE

Offiziell existierten beim Sendestart des Fernsehens keine sechzig Apparate. Die Fernsehgeräte aus dem Sachsenwerk Radeberg – Stückpreis 3500 Mark – glichen einem Radio, und sie hatten ja auch noch einen Lang-, Mittel-, Kurz- und Ultrakurzwellen-Rundfunkteil. Links spannte sich der Stoff über einen Lautsprecher, rechts flackerte die Röhre. Es handelte sich um das Modell »Leningrad T 2«.

Wie sich bald zeigte, hatten wir in den ersten Monaten nur einen einzigen »echten« Zuschauer, einen Berliner Ingenieur, der sich aus der Sowjetunion einen Fernseher mitgebracht hatte. Die anderen Geräte, die bislang auf dem Markt waren, schienen wirklich nur an offizielle Stellen verteilt worden zu sein. Der einzige freiwillige Zuschauer hatte sich gleich nach unserer Premiere telefonisch bei uns gemeldet und mitgeteilt, dass ihm die zwei Stunden gefallen hätten. Fortan rief er allabendlich an, um seine Meinung kundzutun. Sie war in der Regel freundlich und wohlwollend. Einmal blieb jedoch der Anruf aus. Das irritierte uns. Darum wählten wir ihn an und erkundigten uns besorgt, weshalb er uns seine Zuneigung entzogen habe. Er beruhigte uns, sein Schweigen hatte nichts mit der Qualität unserer noch immer als »Versuchsprogramm« deklarierten Sendung zu tun. Unser »echter« Zuschauer schaltete anderentags wieder den Fernseher an, und schon hatten wir wieder eine 100-prozentige Einschaltquote.

CORAM PUBLICO

Fernseharbeit war wie Fabrik. Man erschien um acht Uhr zum Dienst. Dann besprach man sich. Ich probierte alles aus. Spielte Ein-Mann-Kabarett, Flohzirkus, sprach Sketche mit Kollegen und führte ein halbes Jahr nach Sendestart auch durch die erste Rätselsendung des Fernsehfunks, in der »unser« Zuschauer den 1. Preis gewann – er war ja der Einzige, der an uns geschrieben hatte.

Mein Arbeitsplatz war das winzige Studio, das sich durch das Scheinwerferlicht so schnell aufheizte. Einmal bekämpfte ich die Hitze, indem ich von Ansage zu Ansage Jackett und Krawatte ablegte und dazu noch ein Bier aus vier absichtlich im Bild stehenden Bierflaschen trank. Der Aufnahmeleiter war auf diesen Einfall gekommen. Nicht nur mir, auch dem Bier setzte die Hitze zu – warmer Alkohol vervielfacht ja bekanntlich seine Wirkung. Zwei Flaschen hatte ich im Verlauf der Sendung bereits geleert – mein aufgeräumtes Wesen kam dem Sendeleiter verdächtig vor, mehr aber noch mein gesprochener Text, denn so stand er nicht in dem »genehmigten« Manuskript. Er robbte auf den Knien durchs Studio zum Sprechertisch, und die Zuschauer wurden Zeugen, wie die beiden noch vollen Bierflaschen wie von Geisterhand verschwanden. Eigentlich war ich gerade dabei, eine kleine besinnliche Geschichte zu erzählen, das wurde nun natürlich nichts. Dafür war es vielleicht die Geburtsstunde der ersten Unterhaltungssendung.

ZIRKUSDIREKTOR

Am 9. Mai 1953 wurde im Studio ein Flohzirkus aus acht leeren Streichholzschachteln aufgebaut – und ich, der Zirkusdirektor, gab den imaginären Flöhen Anweisung, Seil zu tanzen, Salti zu schlagen oder eine Parade abzuhalten. In einem Wanderzirkus hatte ich einmal gesehen, wie sowas ablief. Die besten Kabarettisten hatten mir einen Text geschrieben, eine Pointe jagte die andere, und meine Flöhe überschlugen sich geradezu. Ein voller Erfolg.

Als wir am nächsten Morgen unser kleines Studio betraten, hing ein beißender Geruch im Raum, der uns zwang, schnellstens wieder zu verschwinden. Der Aufnahmeleiter hatte meine »Flöhe« ernstgenommen und ein Ungeziefervernichtungsmittel im Raum versprüht. »Falls einer ausgerissen ist«, sagte er.

Wir haben ihn in seinem Glauben gelassen, und ich war mächtig stolz darauf, dass ich die vielen nicht vorhandenen Flöhe so glaubhaft habe auftreten lassen.

DER VORHANG FÄLLT

Die frühen Fernsehjahre waren eine Zeit des Experimentierens, die mir sehr behagte. Wir beschritten fortgesetzt Neuland, probierten dieses und jenes aus.

1951 hatte ich unter Regie von Hans-Erich Korbschmitt in Potsdam in der »Komödie der Irrungen« gespielt, in der, das nur nebenbei, Agnes Kraus in der Rolle der Kurtisane zu sehen war. Sie kam jeden Tag mit einer anderen Haarfarbe – mal rot, mal grün, mal blau. Auf der Straße lief ihr stets eine Horde johlender Kinder hinterher ... Nun hatte Korbschmitt an einer Leipziger Bühne Molières »Geizigen« inszeniert. Ich schlug Regisseur Gottfried Herrmann vor, das Stück in unserem Studio I zu spielen.

Das Studio war, verglichen mit einer Theaterbühne, geradezu winzig. Um von dem wenigen Platz nicht noch welchen zu verschwenden, verzichteten wir auf alle Dekorationen, lediglich eine Wendeltreppe wand sich nach oben ins Nichts. Gedreht wurde mit einer einzigen Kamera – mehr Kameras hatten wir nicht – und live gesendet. All diese aus Enge und Not resultierenden Umstände gaben der Fernsehinszenierung eine unerhörte Dichte und

48

Intensität. Sie wurde danach nie wieder erreicht. Als man Jahre später im modernen Studio IV das Stück mit drei Kameras produzierte, erreichte man nach meinem Eindruck nicht annähernd diese prickelnde Spannung.

Auch in des Wortes eigentlicher Bedeutung war die erste Aufführung einzigartig. Es existierte keine Technik, um die Bilder aufzuzeichnen. Sie verrauschten wie eine Theateraufführung.

Ein Problem mussten wir vorab noch lösen: Es konnte schließlich keine Umbaupausen geben. Wie konnte man die Übergänge zu den einzelnen Szenen bewerkstelligen?

Die Lösung war eigentlich ganz einfach: »Da stellt sich ein Schauspieler mit dem Rücken vor die Kamera und bleibt vor dem Objektiv der Kamera stehen. Das ist wie ein Vorhang. Die Kamera fährt zum nächsten Darsteller, Objektiv wird geöffnet … Stück geht weiter.«

PROMINENZ IST RELATIV

Ende 1953 erwarb ich mein erstes Auto. Es handelte sich um einen aus dem Fuhrpark des Fernsehfunks ausgemusterten F 8. Ich vermag nicht mehr zu sagen, ob es ein Vorkriegs-DKW oder ein Nachkriegs-IFA aus Zwickau war. Ich erinnere mich lediglich, dass ich 1800 Mark für ihn zahlen musste, was mich fast ruinierte. Die Karre machte 65 Sachen – bergab. Und wenn ich um die Ecke biegen wollte, betätigte ich einen Zeiger, der nach außen schnellte. Meist blieb der Zeige altersschwach in seinem Fach, weshalb ich dann wie ein Radfahrer mit dem Arm die beabsichtigte Richtungsänderung signalisierte.

Mit diesem Gefährt machten sich eines Tages Gerhard Wollner und ich auf nach Suhl, um eine Veranstaltung zu moderieren. Wir lebten in der Annahme, dass inzwischen auch jenseits des Rennsteiges einige Fernsehgeräte stünden und man uns auf Anhieb erkennen müsste.

Und so kam es denn auch. Kaum dass wir uns aus dem Auto gequält hatten, kamen schon einige Neugierige angerannt. »Sind Sie vom Fernsehen?«, wurden wir bestürmt. Derart geschmeichelt, dass wir identifiziert worden waren, antworteten wir mit einem schlichten, aber wohligen »Ja«.

Jetzt, so dachten wir, würde man uns gleich um ein Autogramm bitten.

»Wenn Sie von der Technik sind, werden Sie uns gewiss auch sagen können, wann Peter Frankenfeld kommt.«

Das saß. Die hielten uns nur für die Vorhut. Allerdings von einem Tross, der von der anderen Seite kam. In Suhl, wir hätten es ahnen müssen, sah man nur die westliche Konkurrenz. Vermutlich hatte noch nie einer Adlershof empfangen.

Diese Art Verwechslung sollte sich Jahre später wiederholen. Ich wurde zum Leiter der Dramatischen Kunst des Fernsehens bestellt. In dessen Vorzimmer saß eine hübsche Blondine hinter der Schreibmaschine. Ich grüßte freundlich und sagte, ich sei zum Chef bestellt, sie könne ihm Bescheid geben, dass ich da sei.

Darauf flötete sie zurück: »Wen soll ich melden, wie ist Ihr Name?«

Das gab mir denn doch einen Stich ins Herz, und ich antwortete ironisch: »Hans-Joachim Kulenkampff.«

Darauf sie, sichtlich schnippisch: »Nein, das sind Sie nicht, den kenne ich.«

DA LACHT DER BÄR

Gemeinsam mit Gerhard Wollner entwickelte ich verschiedene Formate, wie man heute sagt. In unserem Team, das die Sendungen inszenierte, arbeitete mit Inge von Wangenheim eine kundige, engagierte Dramaturgin, die es verstand, ihre Kollegen in die Vorbereitung der Sendungen einzubeziehen.

Wollner trat seit 1946 als Komiker in verschiedenen Kabaretts auf, war aber auch als Schauspieler am Deutschen Theater engagiert, wo ich ihn kennengelernt hatte. Alsbald hoben wir unsere

Sendung »Fernsehkarussell« aus der Taufe und traten als Komiker-Duo auf. Heinz Quermann stieß hinzu, später kam Gustav Müller.

Wollner, Müller und Quermann bildeten 1956 die »Mikrofonisten«, die durch die erste große Unterhaltungsshow des DDR-Fernsehens führten: »Da lacht der Bär«.

Unsere Sendung mit ihrer Mischung aus Artistik, Schlager, Ballett und Sketchen kam bei den Zuschauern gut an, weniger beliebt waren die politischen Einlagen. Das Publikum stieg bei diesen Nummern aus, und es war sehr schwer, die Stimmung danach wieder anzuheizen.

Wollner, im Westteil Berlins lebend, fiel nach dem Mauerbau 1961 für uns aus. Einen der bekanntesten DDR-Entertainer gab es fortan nicht mehr. Ich übernahm Wollners Platz bei den »Mikrofonisten«, meine Premiere ging am 3. September 1961 im Klubhaus Magdeburg über die Bühne.

Und noch etwas änderte sich ab 1961. Mit dem Mauerbau verabschiedete man sich vom ursprünglichen Sendekonzept, und Horst Sindermann, seines Zeichens Leiter der Abteilung Agitation beim ZK, erklärte, die politische Auseinandersetzung sei Sache der Publizisten, nicht der Unterhaltungskünstler. Wir waren froh, uns auf unser ureigenes Metier besinnen zu können. Das Publikum dankte es uns mit wachsendem Zuspruch, wenngleich auch hier galt: Allen Menschen recht getan ist eine Kunst, die niemand kann. Das bestätigte uns auch der sowjetische Parteichef Leonid Breschnew, als er einmal als »hoher Gast« in der ersten Zuschauerreihe platziert worden war. Während eines Sketches zischte Gustav Müller mir durch die Zähne zu: »Du, Herbert, guck mal, der schläft!«

AUS DEM AUGE VERLOREN

In den Jahrzehnten, die ich in Kleinmachnow wohnte, schloss ich Freundschaften in der Nachbarschaft – auch mit dem Fleischermeister, der ein begeisterter Theatergänger war. Als Schauspieler am Deutschen Theater hatte ich ihm oft Theaterkarten besorgt. Er war in jeder meiner Premieren und mein erster großer Fan.

Nachdem ich 1952 zum Deutschen Fernsehen nach Adlershof wechselte, war ich von der Theaterbühne verschwunden, hatte aber beim Fernsehen gut zu tun und war fast täglich präsent.

Irgendwann kam ich wieder einmal in die Fleischerei und mein Fleischermeister fragte mich ganz aufgeregt: »Herr Köfer, was machen Sie denn jetzt? Man sieht Sie ja gar nicht mehr!«

PROSIT NEUJAHR!

Mit Gerhard Wollner moderierte ich die Silvestersendung am 31. Dezember 1953. Zum ersten Mal
wurde im Deutschen Fernsehen ein neues Jahr
begrüßt! Die Revue wurde live aus dem Studio I
übertragen. Wir wuselten durch ein halbes Hundert
Klein- und Großdarsteller, hatten keine Textbücher
und quatschten drauflos, wie uns der Schnabel gewachsen war. Der Aufnahmeleiter, um nicht ins Bild
zu kommen, kroch uns auf allen Vieren nach und er-
teilte Regieanweisungen. Wir marschierten, wie vor-
geschrieben, mit Sektflasche und Glas in der Hand,
bis Mitternacht durch die Reihen und fragten, ob
jemand zufällig einen Korkenzieher dabeihabe. Der
Gag war bald abgenutzt, aber uns fielen aus dem
Stegreif genügend andere ein.

Allerdings war es ein ungeplanter Witz, als ich um
Mitternacht glücklich »Prosit 1953!« ins Mikrofon
schmettere. Die Panne war zu verschmerzen, der
Regisseur beruhigte sich schnell, und Wollner und
ich moderierten auch die nächsten Jahre die Silves-
terrevuen, die das Fernsehen aus den Kultursälen
verschiedener Städte übertrug.

Am 31. Dezember 1961 führte ich allein durch
die Silvestersendung, mein Moderatorenkollege

Wollner war mir aus den bekannten Gründen abhanden gekommen. Was über den Sender lief, ließ an feucht-fröhlicher Silvesterstimmung nichts zu wünschen übrig, aber meine eigene Laune bewegte sich auf einen Tiefpunkt zu. Die gespielte Weinseligkeit ist eben doch nicht mit der echten zu vergleichen, und während der Abend mit lustigen Einlagen scheinbar wie im Fluge verging, freute ich mich auf meine Zuhause, wünschte mir eine richtige Silvesterfeier, bei der statt Selters Sekt in den Gläsern perlt und ich mit Familie und Freunden das neue Jahr willkommen heißen konnte. Ich führte noch zwei weitere Jahre durch den Silvesterabend, dann gab ich die Moderation an Heinz Florian Oertel ab.

Auch am 31. Dezember 1991 bestritt ich in einem Großaufgebot bekannter Fernsehgesichter die Silvestersendung mit. Frank Schöbel sang seinen Hit »Der Letzte macht das Licht aus«, der passte wie die Faust aufs Auge und war wie das Amen in der Kirche. Wir winkten alle noch einmal in fröhlicher Silvesterlaune in die Kameras, dann wurden wir eine Minute vor zwölf vom Sender genommen – und das DFF war Geschichte.

OST-WEST-GESPRÄCH

Eine Ära von vierzig erfolgreichen Fernsehjahren, an denen ich auf vielerlei Weise mitgewirkt hatte, war zu Ende gegangen – und ich urplötzlich als »Zeitzeuge« gefragt. Die »Berliner Zeitung« besann sich auf meine Fernsehanfänge und lud mich, den (wenn auch nur kurzzeitigen) Nachrichtensprecher der »Aktuellen Kamera«, und Jo Brauner, seit den Siebzigern Nachrichtensprecher der »Tagesschau«, zu einem öffentlichen Gespräch ein, wie sie anfangs der Neunziger, als das gegenseitige Kennenlernen von Ost und West befördert werden sollte, vielerorts geführt wurden. Auch das ist inzwischen schon wieder Geschichte, an die mit diesem »Blick zurück« erinnert sei.

Herr Köfer, Sie haben am 21. Dezember 1952 als erster Sprecher der »Aktuellen Kamera« die Nachrichten verlesen. Erinnern Sie sich noch an Ihren ersten Satz?
Köfer: Genau natürlich nicht mehr, der war auch furchtbar lang und lautete in etwa so: Heute vor dreiundsiebzig Jahren wurde der große Freund des deutschen Volkes, Generalissimus Josef Wissarionowitsch Stalin, geboren, wir gratulieren von dieser Stelle ganz herzlich und so weiter …

Es heißt immer, dass die erste Fernsehsendung aus einem Bunker in Hamburg gesendet wurde?

Köfer: Der Deutsche Fernsehfunk hat am 21. Dezember angefangen, das Nordwestdeutsche Fernsehen in Hamburg am 25. Dezember. Also, historisch genau ist, dass wir als Erste gesendet haben.

Brauner: Darf ich das in Diskussionen verwenden und sagen: Nein, wir waren nicht die Ersten?

Köfer: Tut mir leid, aber so ist es.

Wie war Ihr Start beim DDR-Fernsehen?

Köfer: Ein einziger Krampf. Wir hatten kaum Kameras, weil die in England hergestellt wurden und ein Embargo bestand. Da es noch keine Aufzeichnungsgeräte gab, haben wir alles live gesendet. Und Fernseher gab es auch kaum.

Kamen da überhaupt Reaktionen auf die Sendungen?

Köfer: Ja, wir hatten einen Zuschauer, ich weiß sogar den Namen noch, Nielbock hieß er. Wir sendeten von 20 bis 22 Uhr, und fünf Minuten später rief Herr Nielbock an und sagte, wie ihm die Sendung gefallen hat. Wenn er nicht angerufen hat, haben wir ihn angerufen und gefragt, ob er krank sei.

Brauner: Das DDR-Fernsehen hat damals also für Herrn Nielbock gesendet?!

Köfer: So war es natürlich nicht ganz. Es gab 57 Fernsehgeräte in Berlin, 50 standen an offiziellen Stellen, sieben in Privathaushalten. Es gab auch Fernsehstuben in den Aufklärungslokalen der Nationalen Front, wie das damals hieß.

Sie selber hatten keinen Fernseher?
Köfer: Nein, meinen ersten Fernseher kaufte ich mir anderthalb Jahre später. Da gab es etwa 600 Fernsehgeräte in der DDR.

Waren es in Westdeutschland mehr?
Brauner: Nein, das war genauso.

Wissen Sie, wie Ihr erstes Gerät hieß?
Köfer: Leningrad. Ein Riesenklops und die Bildröhre so groß wie eine Postkarte. In einer der ersten Sendungen sollte ein Film über den Bauernkrieg gezeigt werden. Der war fürs Kino gemacht, und der Regisseur sagte: »Ich verbiete, diesen Film im Fernsehen zu senden!« Weil seine »Bauernkrieger« auf dem Bildschirm wie kleine Wanzen aussähen.

Was für Sendungen liefen in der Anfangszeit?
Köfer: Ein-Mann-Kabaretts, Rätselsendungen und so weiter, alles aus einem kleinen Studio gesendet. Damals konnte man ja die Geräte nicht einfach hinstellen, einschalten und los geht's. Die

mussten erst eingestellt werden, deshalb gab es eine Sendung, die »Zum Einstellen der Geräte« hieß und von 15 bis 18 Uhr lief.

Brauner: Also ein Testbild?

Köfer: Nein, da wurden Filme gezeigt, meist sowjetische. Einer hieß »Der 15-jährige Kapitän«, der lief immer wieder. Was eigentlich für die Läden gedacht war, um vor den Augen der Käufer die Fernsehgeräte einzustellen, zog tatsächlich Zuschauer vor die Fernseher. Eines Tages schrieb mir eine Familie aus Sachsen: »Lieber Herr Köfer, wir sehen immer die Sendung ›Zum Einstellen der Geräte‹ und haben heute zum 37. Mal ›Der 15-jährige Kapitän‹ gesehen. Das macht immer wieder Spaß, wir stellen jetzt den Ton ab und sprechen die Rollen synchron mit.«

Im Westen muss man damals mit dem Fernsehprogramm nicht ganz zufrieden gewesen sein, 1953 schrieb der damalige Bundestagspräsident Ehlers an den ersten Chef des Nordwestdeutschen Rundfunks, Adolf Grimme: »Sah eben Fernsehprogramm. Bedaure, dass Technik uns keine Mittel gibt, drauf zu schießen.«

Brauner: Das könnte man hin und wieder heute noch bedauern.

Herr Köfer, wie sind Sie Nachrichtensprecher geworden?

Köfer: Ich bin doch kein Nachrichtensprecher! Ich war damals Schauspieler am Deutschen Theater und ging zum Fernsehen, ich war also so etwas wie »Ein Mann für alle Fälle«, und so habe ich auch die Nachrichten gesprochen. Ich habe großen Respekt vor Nachrichtensprechern. Man muss etwas mitteilen, ohne Partei zu ergreifen.

Brauner: Ja, das stimmt.

Köfer: Manchmal kommen ja während der Sendung noch Meldungen dazu, und dann muss man sofort sehen, worum es geht. Ich hatte einmal so eine Meldung über einen Betrieb, der den Plan übererfüllt hatte. Ich lese also vor, wie toll die Werktätigen des VEB Ziegelma – wir hatten damals ja so seltsame Abkürzungen für unsere Betriebe –, also ich lese »die Werktätigen des VEB Ziegelma«, aber das Wort ging auf der anderen Seite weiter – und da stand: »schinenfabrik«. Es musste heißen: Ziegelmaschinenfabrik.

Die »Aktuelle Kamera« war ja voll von diesen Plan-erfüllungsberichten ...

Köfer: Ja, da konnten Brücken eingestürzt sein oder Revolutionen stattfinden, doch erst kam die hervorragende Kartoffelernte.

Brauner: Wir haben die Kollegen bewundert, wie fließend sie die vielen Titel lasen. Generalsekretär des Zentralkomitees der Sozialistischen Einheitspartei Deutschlands, Vorsitzender des Staatsrats der Deutschen Demokratischen Republik und Vorsitzender des Nationalen Verteidigungsrates ...

Haben Sie die »Aktuelle Kamera« gesehen?
Brauner: Natürlich. In Hamburg konnte man, wenn
auch schlecht, DDR-Fernsehen empfangen, und
in der »Tagesschau«-Redaktion wurde immer
»Aktuelle Kamera« geguckt.

Wurde beim DDR-Fernsehen auch Westen geguckt?
Köfer: Da gab es eine Abteilung, die alles mitge-
schnitten hat.

Herr Köfer, kannte man Sie im Westen auch?
Köfer: In den grenznahen Gebieten schon. In Hamburg kaum. Als ich nach der Wende dort war,
wollte ich mich in den Studios vorstellen. Das
war erschütternd, der schwärzeste Tag meines
Lebens. Man fragte mich: Sind Sie Musiker oder
Techniker? Inzwischen hat sich das geändert. Ich
habe ja bei ARD, ZDF und MDR viele Haupt-
rollen in großen Serien gespielt.

Herr Brauner, haben Sie außer der »Aktuellen Kamera«
noch andere Sendungen gesehen?
Brauner: Gelegentlich den »Schwarzen Kanal« von
Schnitzler, da bin ich allerdings immer wütend
geworden.
Köfer: In der DDR hat den kaum einer gesehen, der
hieß immer nur Karl-Eduard von Schnitz…, weil
die Leute so schnell umgeschaltet haben, dass sie
den Namen nicht zu Ende lesen konnten.

Brauner: Aber es gab eine Show im DDR-Fernsehen, die ganz toll war. Bunter Kessel oder so …
Köfer: »Ein Kessel Buntes.«

Herr Köfer, gab es weitere Höhepunkte im DDR-Fernsehen?
Köfer: Die Silvestersendungen, für die wurde tief ins Westsäckel gegriffen, um internationale Stars zu bekommen. Die Literaturverfilmungen waren ausgezeichnet. Und unsere Schwänke waren sehr beliebt bei den Zuschauern.

Und was haben Sie sich im Westfernsehen angeschaut?
Köfer: Den Kulenkampff, für mich einer der besten Entertainer. Oder Peter Frankenfeld, da verpasste ich keine Sendung. Später kam Juhnke und sein »Musik ist Trumpf« hinzu. Und die vielen Kabarettsendungen, vor allem den »Scheibenwischer« mit Dieter Hildebrandt.

War das Fernsehen früher besser?
Brauner: Wenn man älter wird, neigt man dazu, das so zu sehen. Aber in den meisten Fällen war es nicht besser, nur anders.
Köfer: Richtig. Und ich bin stolz darauf, damals bei der Entwicklung des neuen Mediums Fernsehen dabeigewesen zu sein.

Vor den Kameras von DEFA und DFF

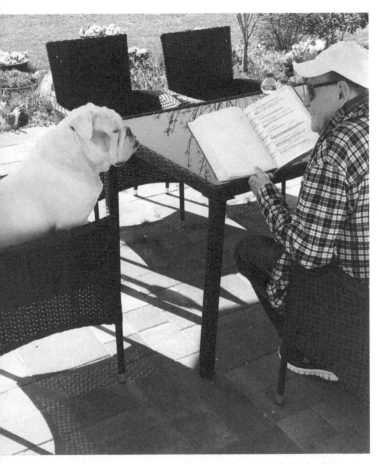

Sommer, Sonne ... Texte lernen! Hund Androklus sitzt geduldig daneben

VERHINDERTE KARRIERE

Als ich an die Schauspielschule kam, traf ich auf ein munteres Völkchen von Eleven. Nicht wenige Kinder von Prominenten waren darunter. Der Sohn von Ludwig Schmitz etwa, einem beliebten Komiker aus Köln. Oder Hans-Joachim Kulenkampff, dessen Vater einer der bekanntesten deutschen Violinvirtuosen war, und Thomas Engel, Filius von Erich Engel, dem berühmten Theaterregisseur, der in den dreißiger Jahren zur UFA gewechselt hatte.

Als Erich Engel für einen Film einige Schüler besetzen musste, lud er uns über seinen Sohn zu Probeaufnahmen ein. In der Komödie »Unser Fräulein Doktor« ging es um eine emanzipierte Lehrerin – gespielt von Jenny Jugo –, die entgegen allen Unkenrufen die Oberprima erfolgreich zum Abitur führte. Regisseur Engel suchte also angehende Abiturienten. Drehbeginn sollte im Sommer 1940 sein.

Am Abend vor den Probeaufnahmen ließen wir es noch mal richtig krachen. Thomas Engel hatte sturmfreie Bude. Bei meiner Entdeckungstour durch die weitläufige Wohnung fand ich eine Höhensonne. Ich hatte davon schon gehört, dass manche Schauspieler sich gern einen braunen Teint zulegten, weil man dann gesünder ausschaute. Neugierig knipste ich das Ding an und legte mich darunter. Die angenehme Wärme kroch unter meine Haut, ich fühlte mich sauwohl, begann zu träumen und zu dösen. Dann war ich auch schon weg. Eingeschlafen. Ein merkwürdiges Ziehen im Gesicht ließ mich erwachen. Die Haut spannte sich über meine Wangenknochen wie ein Trommelfell. Am nächsten Morgen musste ich beim Blick in den Spiegel entsetzt bemerken, dass ich kaum die Lider öffnen konnte, und im sonnenverbrannten, roten Gesicht prangten dicke, aufgeplatzte Lippen. O verdammt, durchfuhr es mich, UFA adieu.

Dennoch schleppte ich mich ins Studio und erntete mitleidige Blicke. Na, das wird schon, amüsierte sich Engel und gab mir eine kleine Rolle.

Ich weiß nicht, ob die belichteten Meter mit mir der Zensur zum Opfer fielen oder ob ich nicht im Bild war: Ich habe den Film wiederholt gesehen, mich aber nie entdeckt. So lebe ich denn seither mit der Überzeugung, dass ich der bescheuerten Höhensonne von Ludwig Schmitz das Ende meiner Filmkarriere bei der UFA verdanke, bevor diese überhaupt begonnen hatte.

KAIMAN IN DER KISTE

In dem Lustspiel »Ich bin nicht mein Bruder« wird laut Drehbuch ein Kaiman gebraucht. Meine Partnerin Brigitte Krause muss die Kiste in Empfang nehmen und, ohne hineinzuschauen, abstellen. Wir setzen uns auf die Kiste und beginnen einen zärtlichen Dialog. Natürlich haben wir in der Kiste ein ausgestopftes Tier vermutet. Die Sendung läuft. Dialog. Plötzlich kracht es furchtbar in der Kiste. Man hat, ohne uns zu informieren, einen echten Kaiman in die Kiste gelegt. Die Hitze machte ihn munter. Mein Text ist wie weggeblasen. Brigitte übernimmt ihn, stottert aber furchtbar. Nach einigen Momenten habe ich mich wieder gefangen, und es geht ohne Zwischenfälle weiter.

Am nächsten Tag sagen einige Kollegen: »Mann, die Brigitte hat aber mit dem Text gehangen. Gut, dass du so ruhig geblieben bist.«

HAUPTROLLE

Für den Fernsehfilm »Flitterwochen ohne Ehemann« war ich als ein Heimleiter engagiert worden, an meiner Seite stets ein von meiner Kleinmachnower Schauspiel-Kollegin Irene Korb erworbener Hund, ein Boxer namens »Aribert von der Tulpe«.

Zu spät gekommen, traf ich im DEFA-Gelände auf meine Drehstab-Kollegen, die gerade in der Vorführung die ersten Szenenmuster gesehen hatten. Begeistert überfielen sie mich: »Also großartig, diese stimmigen Bewegungen, dieses liebevolle Augenspiel …«

Geschmeichelt wehrte ich ab.

»Nein, wirklich Herbert – der Hund ist nicht zu übertreffen!«

EIN SCHAF GEHT IN DEN WESTEN

Im Frühjahr 1960 drehten wir einen heiteren Fernsehfilm mit dem Titel »Das schwarze Schaf«, in dem auch ein solches vorkam. Doch wie so oft beim Drehen: Es fehlte an den Requisiten. Es fand sich auf die Schnelle kein schwarzes Schaf, also lieh man sich bei einem Schäfer in Teltow ein normales und färbte es ein. Während der Dreharbeiten bekam es einen eigenen Verschlag in Adlershof. Wir verwöhnten das Schaf und gewöhnten uns sehr an das Tier. Nach dem Drehen gaben wir das Schaf an den Schäfer zurück. Aus Anhänglichkeit machte ich Tage später einen Abstecher. Die Herde nähme das gefärbte Tier nicht an, eröffnete mir der Schäfer, die Hunde bissen es weg. Er werde es schlachten müssen.

»Bitte nicht«, rief ich. »Ich kaufe es Ihnen ab.«

Ich drückte ihm die geforderten 56 Mark in die Hand und lud das schwarze Schaf in meinen Wartburg.

Meine Kinder jubelten daheim. Wir bauten auf dem Boden unseres Hauses ein Gatter. Das Schaf war possierlich und zutraulich, es ging sogar Seite an Seite mit mit zum Einkaufen. Trotzdem: Ein richtiges Haustier war es nicht, außerdem roch es ein wenig streng. Und unser Hund, ein Boxer, liebte das Schaf im Gegensatz zu uns leider überhaupt nicht. Als die schwarze Farbe endgültig herausgewachsen war, packte ich es wieder ins Auto und fuhr nach Teltow. Jetzt, so meinte ich, würde es die Herde sicher wieder annehmen. So war es denn auch.

Einige Wochen später wollte ich es erneut besuchen. Doch ich fand weder Schäfer noch Herde am bekannten Ort vor. Der Nachbar wies ins Nirgendwo, als ich ihn fragte.

»Der ist gestern mit seiner ganzen Herde nach Westberlin abgehauen.«

So wurde aus meinem Fernsehschaf ein Westschaf.

DAS GRÖSSTE KOMPLIMENT

Ich hatte mit Freude in vielen Lustspielen und Schwänken gespielt. Die Erfolge freuten mich, die Publikumsresonanz war enorm. Doch leider war ich nun festgelegt auf die heiteren Rollen. Jeder vom Fach weiß, dass auch Heiteres sich nicht aus dem Ärmel schütteln lässt, aber darauf reduziert zu werden, das störte mich zunehmend.

So freute es mich, als Wolfgang Luderer mich für die Folge »Der Fall Haarmann« in der Reihe »Fernsehpitaval« als Kommissar besetzen wollte, doch er musste all seine Überredungskunst aufbringen, um der Leitung des Fernsehens begreiflich zu machen, dass ich diese Rolle durchaus bewältigen konnte.

Auch als mich Fred Mahr 1964 für die Fernsehinszenierung von Gerhart Hauptmanns »Rose Bernd« holte und ich Seite an Seite mit der blutjungen Ursula Karusseit spielte, war das eine fordernde Arbeit, die mich glücklich machte. Ein Rezensent schrieb über meine Darstellung des August Keil in »Rose Bernd«: *Was Köfer in dieser*

Rolle zeigte, war große Charakterkunst. Wenn er doch bei seinen ›Leisten‹ bliebe, die Linie der Charakterisierung, die sich ihm so anbietet, konsequent verfolgen würde und sich nicht für billige Mätzchen in irgendwelchen improvisierten Unterhaltungssendungen hergeben möchte ... Der Rezensent setzte in Klammern hinzu: *Womit nichts gegen gute Unterhaltung gesagt werden soll ...*

Den Tenor kannte ich, es war nicht das erste Mal, dass E und U, die ernste Kunst und die Unterhaltung, auf meinen Schultern gegeneinander ausgespielt wurden. Kurz: Ich wollte zeigen, was ich kann, wollte aus dem Unterhaltungsschema ausbrechen. Wie so oft im Leben, kam mir der Zufall zuhilfe.

Als ich eines Tages auf der Sparkasse überprüfte, ob mein Konto noch gedeckt war, sprach mich der Regisseur Frank Beyer an. »Ich möchte Sie zu Probeaufnahmen einladen. Für mein Projekt ›Nackt unter Wölfen‹ suche ich noch einen Darsteller des Hauptsturmführers Kluttig, den Lagerführer.«

Ich sagte sofort zu und fuhr am nächsten Tag zu den Probeaufnahmen. Dort traf ich auf Erwin Geschonneck, der den Lagerältesten Kramer spielen sollte. Dieser geniale Schauspieler war extra angereist, um mir als »Stichwortgeber« zu dienen. Frank Beyer ließ sich eine ganze Szene von uns vorspielen und sagte dann zu mir: »Genauso habe ich mir den Kluttig vorgestellt.«

Ich war überglücklich.

Die Dreharbeiten an den Originalschauplätzen in Weimar waren anstrengend und bedrückend. Der schlimmste Drehtag für mich war eine Szene mit Armin Mueller-Stahl in der Todeszelle.

Als der Film Premiere im Berliner Kolosseum hatte, war ich schon Tage vorher nicht zu genießen. Mich quälte die Frage, ob die Zuschauer mir meine Darstellung abnahmen. Und wie zur Bestätigung meiner Befürchtungen kam es auf dem Weg zur Premiere zu einem kleinen Zwischenfall. An jedem anderen Tag hätte er mich amüsiert, doch jetzt traf es mich wie ein Schlag, als ein paar junge Leute mich erkannten und mir ein fröhliches Ständchen brachten: »Da lacht der Bär« ...

Kreidebleich saß ich im Parkett und ließ den großartigen Film an mir vorüberziehen. Werden die Zuschauer lachen, wenn sie mich sehen? Ich hatte schweißnasse Hände. Nach etwa zehn Minuten sieht man mich in einer Großaufnahme ... Kein Mensch lachte. Die Zuschauer folgten gebannt dem Film, und allmählich wich die Furcht dem schönen Gefühl: Ich habe es geschafft, die Zuschauer nehmen meine Darstellung ernst. Ich war glücklich.

Auf der anschließenden Premierenfeier nahm mich ein alter Buchenwaldhäftling beseite. »Herbert, so wie wir dich heute gesehen haben, wollen wir dich nicht. Wir wollen über dich lachen, aber so hassen wir dich!«

Es war das größte Kompliment.

AUSGETRICKST

Als ich an einem Zahltag an der Honorarkasse des DFF stand, nahm ich aus dem Augenwinkel wahr, wie der Regisseur Hans-Joachim Kasprzik und der Drehbuchautor Hans Oliva-Hagen miteinander tuschelten und zu mir guckten. Schon sprach mich Kasprzik an: »Herr Köfer, wir bereiten eine Verfilmung von Falladas ›Wolf unter Wölfen‹ vor. Es geht um die Rolle des ›Studtmann‹. Könnten Sie sich mit der Aufnahmeleitung in Babelsberg in Verbindung setzen? Ich mache übermorgen Probeaufnahmen. Haben Sie Zeit?«

Ich konnte nur stumm nicken.

»Gut, dann rufen Sie bitte in Babelsberg an«, verabschiedete sich Kasprzik.

Ich las sofort Falladas Buch, der Studtmann ist eine wunderbare Figur. Ich fuhr wenig später nach Babelsberg zu den ersten Probeaufnahmen. Dann wartete ich. Nach zwei Wochen machte ich eine zweite Probeaufnahme. Die Familie drängte, wir wollten in den Urlaub aufbrechen. Es kam keine Nachricht. Die Abfahrt ließ sich nicht länger aufschieben, aber ich konnte vor Nervosität den Urlaub in Bulgarien nicht so recht genießen. Als wir zurückkamen, war die schriftliche Zusage da. Die Besetzungsliste hatte gute Namen: Annekathrin Bürger, Armin Mueller-Stahl, Inge Keller und – Wolfgang Langhoff. Ich zuckte zusammen ... Der unglückselige Egmont fuhr mir sofort wieder in die Knochen ...

Ich fragte Kasprzik, ob Langhoff wisse, dass ich den Studtmann spielte. »Ja, natürlich ...« Und, was hat er gesagt? »Hm, ja, gut, gut ...«

Am ersten Drehtag wurde eine Szene im Büro der »Familie von Prackwitz« gedreht, die ich textlich fast allein zu gestalten hatte. Inge Keller und Wolfgang Langhoff saßen mir schweigend gegenüber.

Am Abend rief Kasprzik an: »Wir haben uns das Muster angeschaut, hervorragend, was Sie da gemacht haben! Sie stehen neben Langhoff und Keller als völlig gleichwertiger Partner!«

Mir fiel ein Stein vom Herzen. Die kommenden Drehtage verliefen reibungslos – bis ich eines Tages auf der Dispo noch einmal jene Büroszene entdeckte. Ich fragte Kasprzik – wir waren inzwischen per Du –, wieso das noch mal gedreht werden musste. Er schmunzelte und sagte: »Jetzt kann ich es ja verraten. Es war gar nicht so gut, was du am ersten Tag gemacht hast. Mein Anruf war ein Trick. Ich habe doch gemerkt, wie verklemmt du gegenüber den Kollegen warst. Nach dem Anruf warst du wie ausgewechselt. Was willste denn, mein Trick hat funktioniert!«

Kasprzik war mir von da an ein echter Freund – und Langhoff mein Partner.

ERSCHOSSEN

Ich hatte schon in etlichen Kriminalfilmen mitge-
spielt, als mir Kurt Jung-Alsen die Hauptrolle als
Kommissar Rochambeaux in dem vierteiligen TV-
Krimi »Schatten über Notre Dame« anbot. Meine
Partner waren Angelica Domröse, Jiri Vrstala, Alfred Müller und Wolfgang Greese. Jung-Alsen war
ein guter Regisseur, der auch bei hektischen Dreharbeiten nie seine gute Laune verlor. Wenn eine
Szene im Kasten war, sagte er stereotyp: »Gut, aber
schlecht.« Eines Tages wurde auch ich Zielscheibe
seines Humors.

Am Ende des zweiten Teils sterbe ich, eine Einstellung, die für den Abspann gebraucht wird.

Der Abspann wird gedreht. Ich liege während der
gesamten Aufnahme auf der Erde, »erschossen«,
darf mich nicht rühren. Jung-Alsen sagt: »Bleib liegen und rühr dich nicht, bis ich ein Zeichen gebe!
Kamera ab, bitte!«

Ich bemühe mich nach Kräften, eine überzeu-
gende Leiche abzugeben, rühre mich nicht von der
Stelle, atme ganz flach und bewege nicht einmal
meine Augen unter den geschlossenen Lidern. Als
es nach einer Weile um mich herum totenstill wird
und kein Signal vom Regisseur kommt, denke ich, na

gut, es wird sicher noch eine Nahaufnahme gedreht. Ich rühre mich nicht.

Nach weiteren qualvollen Minuten des reglosen Herumliegens kommt mir das Ganze dann doch recht eigenartig vor. Ich fasse mir ein Herz, öffne langsam ein Auge und sehe – nichts! In der geöffneten Tür eine Pyramide von Köpfen, die sich mühsam das Lachen verkneifen. Jung-Alsen hat, nachdem die Szene aufgenommen war, dem Drehstab zugeflüstert: »Den Herbert lassen wir liegen. Wir machen Mittagspause!«

DER MEISTER-REITER

Ende der sechziger Jahre zwängte mich die DEFA auf einen Pferderücken. Jurek Becker hatte gemeinsam mit dem Regisseur Günter Reisch Kleists »Zerbrochenen Krug« bearbeitet. Sie gaben dem Film den verheißungsvollen Titel »Jungfer, Sie gefällt mir« und installierten einen trotteligen Hauptmann, eine Rolle, die es im »Zerbrochenen Krug« überhaupt nicht gibt. Ich sollte diesen Hauptmann spielen. Eine schöne Rolle, nur: Dieser Hauptmann musste nicht nur zu Fuß gehen, sondern auch hoch zu Ross durch barockes Gemäuer galoppieren.

Da ich als Reiter ein unbeschriebenes Blatt war, nahm ich notgedrungen Unterricht, und der fand auf einem Reitplatz im Park von Babelsberg statt. Der Gaul ging an der Longe, einem langen Seil, immer im Kreis. Mal Schritt, mal Trab, mal Galopp. Die Figur, die ich auf dem Rücken des Pferdes machte, ähnelte kaum einem Reiter, aber der Reitlehrer lobte mich über alle Maßen. Man merke gleich, dass ich nicht zum ersten Mal im Sattel sitze, rühmte er mich.

Ich widersprach der Schmeichelei nicht und verschwieg tapfer, dass ich einzig auf einem Schaukelpferd gesessen hatte, was inzwischen fast ein halbes Jahrhundert zurücklag.

So blieb ich dann auch stumm, als er meinte, nun würde er die Leine lösen.

Das muss das Pferd falsch verstanden haben. Es gab in jenem Moment, als die Fessel fiel, sich selbst die Sporen und raste davon.

»Herr Köfer, bleiben Sie hier«, hörte ich den Reitlehrer noch rufen, aber da war ich schon im Park Babelsberg. Einer Ohnmacht nahe griff ich verzweifelt nach dem Tier, umklammerte den Hals, der rhythmisch auf und nieder wippte. Je fester ich drückte, desto schneller wurde das Tier. Bäume und Sträucher flogen vorüber.

Ein Hengst, inzwischen reiterlos geworden, stürmte hinter meiner Stute her – o Gott. Wenn der sie einkriegte und das tat, wa er mit ihr vorhatte, ohne Rücksicht darauf zu nehmen, dass ich noch immer auf dem Pferderücken saß …

Man muss doch kein altes Leben vernichten, um ein neues zu zeugen. Dieser Gedanke beschäftigte mich. Am Ende rettete mich die viel zu kleine Stalltür.

Kurz vor der Futterkrippe bremste die Stute scharf, um dann seelenruhig ihre gelben Zähne in den Hafer zu graben. Mir ging ein Vers durch meinen Kopf, dessen Sinn ich fortan bezweifelte: »Das höchste Glück der Erde liegt auf dem Rücken der Pferde.«

Zitternd hing ich wie ein nasser Sack noch immer am Hals des Tieres, als man mich später fand und aus der misslichen Lage befreite. Der Reitlehrer war jedoch mehr denn je davon überzeugt, dass ich ein »vortrefflicher Schauspieler« sei. So habe er noch nie jemanden einen des Reitens Unkundigen spielen sehen wie mich. Der hatte vielleicht eine Ahnung!

Mit diesem Attest des Reitlehrers galt ich im Sattel als versiert. Regisseur Reisch meinte mir zumuten zu können, nicht vorwärts, sondern rücklings auf dem Pferderücken über den Görlitzer Markt zu reiten. Am Ende sollte ich dann auch noch in eine Fischtonne fallen, die bis zum Rand mit lebenden Karpfen gefüllt war. Es war ein heißer Sommertag, um die Tonne kreisten auffällig die Fliegen, und die Brühe stank zum blauen Himmel.

Ich stuckerte über das Kopfsteinpflaster und stürzte mich schließlich, wie mir geheißen, mit Todesverachtung in die Jauche.

Reisch rief: »Gestorben!«, womit er die Szene meinte und nicht mich, obgleich ich dicht dran war, es ebenfalls zu tun.

Mit triefender Uniform schleppte ich mich ins Rathaus, um mich des Gestanks und der Garderobe zu entledigen, begleitet von mitleidsvollen Blicken der Kleindarsteller, Techniker und der Zuschauer, die sich zahlreich auf dem Marktplatz eingefunden hatten. Wie hatte doch der Märchendichter Wilhelm Hauff gereimt: »Gestern noch auf stolzen Rossen, heute durch die Brust geschossen, morgen in das kühle Grab.«

SO EIN SCHLITZOHR!

Die DEFA drehte den Fünfteiler »Ich, Axel Cäsar Springer«, eine mit immensem finanziellen Aufwand, hochkarätiger Besetzung und kräftiger politischer Brise realisierte Filmbiografie des westdeutschen Zeitungsverlegers. Ich stellte den Journalisten Axel Eggebrecht dar, eine interessante Aufgabe, aber eine wenig umfängliche Rolle. Einen Drehtag hatte die DEFA für mich angesetzt. Mein Partner in der zu spielenden Szene war Wolf Kaiser, der als Konzernchef Lucian Alsen ein weitaus höheres Pensum zu absolvieren hatte – zwanzig Drehtage hatte die DEFA ihm zubemessen. So ein Drehtag begann morgens um acht Uhr und endete um siebzehn Uhr. Genau um siebezhn Uhr, denn die gesamten technischen Mitarbeiter gehörten laut Arbeitsvertrag der Deutschen Post an, und um siebzehn war Feierabend. Es wurde keine Sekunde länger gedreht.

Wir probten unsere Szene, waren bereit für die Aufnahme, als Wolf Kaiser auf die Uhr sah und mir zuknurrte: »Versprich dich mal!« Ich guckte ihn verdutzt an. Er schüttelte ob meiner Begriffsstutzigkeit seinen beeindruckenden Schädel. »Kriegen wir einen Drehtag mehr!«, sagte er und machte die unmissverständliche Geste des Finger-aneinander-Reibens. Ach, von daher wehte der Wind! So ein Schlitzohr! Sollter ER sich doch versprechen! Aber das ging ihm offensichtlich gegen seine Schauspielerehre ging. Aber Schauspielerehre hatte ich auch! Und so kam die Szene beanstandungsfrei noch vor Feierabend in den Kasten.

MITBRINGSEL

Anfang der siebziger Jahre spielte ich mit Annekathrin Bürger zusammen in dem Indianerfilm »Tecumseh«. Einige Szenen wurden in der Sowjetunion am Schwarzen Meer gedreht. Wir beide flogen gemeinsam hin, setzten uns auf den Kutschbock eines Planwagens. Ich, ein Trapper, ließ mich von einem

Indianerpfeil durchbohren. Daraufhin stürzte der Wagen um und begrub Annekathrin und mich. Beide tot. Szene gestorben. Wir flogen zurück.

Nun bringt man ja gern den Daheimgebliebenen etwas mit. Besonders wenn man im Ausland ist. Annekathrin und ich machten uns auf die Suche nach Souvenirs. Doch wir bekamen in der ganzen Sowjetunion weder eine Matrjoschka noch ein Seidentuch, worauf wir uns kapriziert hatten. Es stach uns aber auch sonst nichts ins Auge, was uns zum Kauf gereizt hätte. Mit den sprichwörtlich leeren Händen bestiegen wir unser Flugzeug.

In Schönefeld gingen wir schließlich in den Intershop und kauften für Devisen echte sowjetische Matrjoschkas und das Tuch. Unsere Verwandtschaft hat sich sehr über die originalen Geschenke aus dem großen Sowjetland gefreut.

An »Tecumseh« wurde ich auch unlängst wieder erinnert: Bei der 19. Verleihung der Preise der DEFA-Stiftung in der Akademie der Künste, zu der auch ich geladen wurde, bekam mein lieber Kollege Gojko Mitić den Preis für das filmkünstlerische Lebenswerk. Ich habe mich sehr für ihn gefreut, denn diesen Preis hat er mehr als verdient.

Der von mir sehr geschätzte Journalist, mit dem ich darüber hinaus auch freundschaftlich verbunden bin, Andreas Kurtz, schrieb anlässlich dieser Preisverleihung in seiner »Berliner Zeitungs«-Kolumne:

Herbert Köfer war unter den ersten Gratulanten. Der 98-Jährige musste an diesem Abend immer wieder die Frage beantworten, ob er auch mal in einem Film gemeinsam mit Gojko vor der Kamera stand. Ja, hat er. Allerdings nicht lange. Köfer fasst »Tecumseh« launig aus seiner Sicht zusammen: »Ein Drehtag, zwei Sätze, ein Pfeil.«

EINMAL UND NIE WIEDER

Heute gibt es die klangvolle Berufsbezeichnung »Location Scout«. Zu DEFA-Zeiten fiel dessen Tätigkeit in den Bereich des Szenenbildners – und damals wie heute ging und geht es darum, passende, geeignete Drehorte zu finden.

Als wir »Der Mann, der nach der Oma kam« drehten, suchte unser Szenenbildner nicht lange. Er kannte Haus und Garten der Köfers in Kleinmachnow und kam zu mir: »Mensch Herbert, es gibt da einige Szenen, da wäre dein Haus der i-deale Drehort. Was hältst'n davon? Komm, ist kein großer Aufwand, lass es uns machen, sag ja.«

Zu diesen Szenen zählt im Übrigen auch die, in der Marianne Wünscher ihre resoluten Anweisungen gibt, und alle Männer nach ihrer Pfeife tanzen, um die Fernsehantenne in die richtige Position zu bringen, eine der lustigsten Szenen des Films.

Ich sagte Ja und hätte es doch eigentlich besser wissen müssen!

Die Szenenbildner fielen bei uns ein, fanden alles hervorragend und bestens geeignet, nur: Hier müsse ein Stück Tapete abgerissen werden – »Das blendet.« Dort war mehr Raum nötig – »Rückt mal die Möbel beiseite!« Hier fiel das Licht ungünstig ein – »Da stellen wir ne Zwischenwand auf!« Dort brauchen wir einen anderen Hintergrund – »Holt mal Farbe!« Hier wurde gehämmert, dort gebohrt – ein einziges Chaos.

»Wir schicken dir einen Mann vorbei, der bringt das alles wieder in Ordnung«, beruhigte man mich.

Zweieinhalb Jahre habe ich gewartet auf den Mann, der nach der DEFA kam.

HAARIGES

In der Serie »Die Lindstedts« spiele ich einen Patienten im Kurheim. Zusammen mit Günther Grabbert bewohne ich ein Zimmer. In einer Szene habe ich mit Grabbert einen längeren Dialog, den wir im Zimmer beginnen, auf dem Balkon fortsetzen und, wieder im Zimmer, abschließen. Die Szenen im Zimmer sind gedreht, die Aufnahme der Balkonszene soll einen Monat später erfolgen. Im drehfreien Monat verbringe ich meinen Urlaub mit

meiner Familie in Ahrenshoop. Kurz vor Urlaubs-
ende fällt mir ein, dass ich keinen Bart mehr habe.
Ich rufe den Maskenbildner an, und er verspricht,
dass er für den am nächsten Tag stattfindenden
Dreh einen Bart knüpfen wird.

Die Szene wird mit Bart gedreht. Alles noch mal
gut gegangen, denke ich.

Bei der Sendung Wochen später sehe ich, dass
ich im Zimmer gar keinen Bart trage! Ein bartloser
Köfer im Zimmer geht also auf den Balkon und hat
dort plötzlich einen Bart. Nach der Rückkehr ins
Zimmer plaudert er ohne Bart mit Günther Grabbert weiter.

Und keiner vom Drehstab hat's gemerkt!

VERTANE CHANCE

Eines Tages rief mich der Schriftsteller Rainer
Kerndl an und sagte, dass er sehr gern mal etwas
für mich schreiben würde. Jeder Schauspieler freut
sich, wenn ein Autor ihm eine Rolle »auf den Leib«
schreiben will. Und Kerndl war kein heuriger Hase,
hatte sich als Dramatiker längst einen Namen gemacht. Ich ging zu Wolfgang Pieper, dem im Bereich
Fernsehspiele zuständigen Dramaturgen. Der Vor-
schlag gefiel ihm, vielleicht könnte es etwas für die
»Schauspielereien« werden? Diese Episodenreihe

des DFF mit mehreren Geschichten und einem bekannten Schauspieler in der Hauptrolle war sehr beliebt. Warum also nicht? Jedenfalls könne ich Kerndl sagen, dass man an einer Zusammenarbeit mit ihm interessiert sei.

Wir trafen uns. Kerndl unterbreitete mir eine Idee, an der wir gemeinsam weiterspannen. Wir merkten bald, dass sie den Rahmen der »Schauspielereien« sprengte und sich zu einem Fernsehspiel auswuchs. Kerndl bezog mich in die Entwicklung des Buches ein, es war eine beglückende Arbeit, wie ich sie in so enger Ergänzung von Schauspieler und Autor noch nicht erlebt hatte.

»Konstantin und Alexander«, so der Titel des Fernsehspiels, erzählt von dem alten Seemann Konstantin, der sich für seine Mitmenschen und insbesondere für die »problematischen Naturen« verantwortlich fühlt. Er ist nicht einfach ein »Gutmensch«, dafür hat er viel zu viele Ecken und Kanten, ist selbst ein Gebeutelter, lässt sich jedoch nicht unterkriegen, und was ihm das Leben nicht schenken will, weiß er sich auf pfiffige Art zu holen und zu genießen, auch die Liebe der Frauen. Mein Partner, eben eine dieser verlorenen Seelen, die ihren Kummer im Alkohol ertränken, war Hartmut Schreier als ehemaliger Baubrigadier Alexander.

Die Buchabnahme verlief so wie viele Buchabnahmen – Änderungen – Änderungen – Änderungen. Die Einsprüche folgten dem üblichen Muster:

Unsere Wirklichkeit ist besser, als ihr sie zeigen wollt. Kerndl wurde langsam mutlos, schrieb um, schrieb neu, Konzessionen über Konzessionen.

Dieser Film, der nun nicht mehr das war, was wir eigentlich wollten, wurde im Oktober 1989 produziert und nach der Wende gezeigt! Da hätte man es eigentlich so senden können, wie es Kerndl mal geschrieben hatte. Aber leider! In einer Zeit, in der ein frischer »Fernsehwind« wehte, lief ein inkonsequentes Werk, dem kaum einer seine Zustimmung geben mochte. Trotz der herrlichen Rollen!

Auf vielen Bühnen zu Hause

Auf Tournee mit »Pension Schöller«. Herbert Köfer als Pensionswirt und Achim Wolff als Gutsbesitzer Klapproth

ANFANG UND ENDE
EINER KARRIERE

Der Berliner Rundfunk nahm im Mai 1945 im
»Haus des Rundfunks« in der Masurenallee die
Arbeit auf. Als die Stadt ab Juli unter den vier Be-
satzungsmächten aufgeteilt war, fiel die Masurenallee in den britischen Sektor. Der Berliner Rundfunk
sendete bis 1952, bis zur Fertigstellung des Funk-
hauses in der Nalepastraße, weiterhin aus der Masurenallee. In beiden Häusern war ich Stammgast.
Hörspiele, Schulfunk, Kabarett – eine Aufnahme
folgte der anderen. Nur in Live-Sendungen hatte
ich noch nicht mitgewirkt. Aber auch darauf sollte
ich nicht lange warten. Mit Herzklopfen fieberte
ich meiner ersten Radio-Live-Sendung entgegen.
Meine Aufgabe bestand darin, eine Ratgebersen-
dung anzusagen. Die Übung war denkbar einfach:
Ich sollte den Satz »Sie hören ›Die juristische Viertelstunde‹« ins Mikrofon sprechen, dann fünfzehn
Minuten verstreichen lassen, um schließlich zu erklären: »Sie hörten ›Die juristische Viertelstunde‹.«
Nichts einfacher als das.

Ich nahm hinterm Mikrofon Platz. Mir gegenüber saß der juristische Ratgeber.

Mir war gesagt worden, ich solle sprechen, sobald die Regie das rote Lämpchen angeschaltet habe. Dann seien wir auf Sendung.

Das Licht ging an. Ich holte Luft, blickte hinüber zum Ratgeber. Der schüttelte, ohne mich anzuschauen, jedoch den Kopf. Was war das? Ich schluckte den Satz hinunter. Hinter der Scheibe gestikulierte der Regisseur. Offenbar forderte er mich auf, meine Ansage zu machen.

Erneut setzte ich an. Und wieder schüttelte mein Gegenüber mit dem Kopf.

Im Regieraum begann sich Unmut auszubreiten, wie ich unschwer erkennen konnte. Die Verantwortlichen hinter der Scheibe verzogen die Gesichter, tippten sich an die Stirn, bildeten mit den Fingern Entenschnäbel, die sie öffneten und schlossen. Ich sollte endlich die Ansage machen, hieß das unmissverständlich.

Wie sich herausstellte, galt das Kopfschütteln nicht mir. Der Kollege war mindestens so nervös und aufgeregt wie ich, nur bei ihm machte sich die Nervosität anders bemerkbar als bei mir. Er wackelte mit dem Kopf, was für mich wie ein »Nein, noch nicht« aussah.

Es dauerte einige Zeit, ehe ich nach diesem Vorfall wieder an eine Live-Sendung herangelassen werde. Diesmal habe ich eine Musiksendung anzusagen. Ich soll einen Marschfox ankündigen und mir meinen Text locker aufbereiten. Voller Schwung setze ich an: »Meine Damen und Herren, das, was Sie nun hören, ist kein Marsch, es ist auch kein Fox – es ist ein Morschfax.«

Das war erst mal das Ende meiner Rundfunk-Live-Karriere.

RUHM IM KERZENSCHEIN

Beim Hörspiel hingegen wurde ich gern besetzt. Hörspiele sind Filme für Blinde. Dieser Annahme hingen nicht nur die Aufnahmeverantwortlichen an. Auch mancher Akteur war dieser Überzeugung. Etwa Klaus Kinski. Er war fünf Jahre jünger als ich und ein schlagender Beweis für die Behauptung, dass Genie und Wahnsinn dicht beieinander liegen. Er war ein Riesentalent, aber nicht ganz dicht. Wie ich hörte, hatte er an Barlogs Schlossparktheater gespielt und war von diesem gefeuert worden, als er in einem Wutausbruch die Fenster des Theaters zertrümmerte. Glas in der Nachkriegszeit war wertvoller als Goldstaub und schwieriger zu kriegen als talentierte Schauspieler. Danach war Kinski für kurze Zeit an die Schauspielschule von Marlies Ludwig gewechselt, wo er mit Harald Juhnke Szenen aus William Shakespeares »Romeo und Julia« einstudierte.

Und eben dieses Stück sollten wir nun als Film für Blinde geben. Mit Kinski als Romeo.

Für die berühmte 2. Szene – Julia auf dem Balkon, Romeo in Capulets Garten in lauer Sommernacht – entwickelte Klaus Kinski sehr eigenwillige Vorstellungen. »Ich spreche nur, wenn der gesamte Raum abgedunkelt ist und Kerzen brennen. Ich will kein elektrisches Licht im Sprecherraum.«

Wir Schauspieler feixten. Der hatte sie doch nicht alle. Regisseur Alfred Braun versuchte es mit Logik und Vernunft. »Klaus, das sieht doch keiner. Es ist ein Hörspiel.«

Kinski, Anfang zwanzig, stampfte mit dem Fuß auf wie ein Kind. »Das weiß ich. Hältst du mich für bescheuert?«

»Ja, Klaus, ich meine nein. Niemand hält dich für verrückt.«

Offenkundig lenkte Kinski ein, er schwieg. Dann schrie er plötzlich: »Ich brauche diese Atmosphäre, um mich einstimmen zu können.«

»Ist das dein absolut letztes Wort?«

»Natürlich. Wenn der Raum nicht abgedunkelt wird und ihr nicht brennende Kerzen aufstellt, haue ich ab. Da müsst ihr euch eben einen anderen Romeo suchen.«

Der Regisseur knetete die Hände. »Dann müssten wir alle Szenen, die wir bereits mit dir aufgenommen haben, noch einmal aufnehmen. So viel Zeit haben wir nicht.«

Kinski triumphierte. »Abdunkeln und Kerzen besorgen geht schneller. Sage ich doch.«

Wenig später hingen überall schwarze Stoffbahnen, vor denen Kerzenlichter flackerten. Kinski erschien. Im Morgenmantel. Wie ein Storch schritt er zum Mikrofon:

»Wer Narben spottet, fühlte nie noch Wunden!
Doch, still! Was für ein Licht bricht dort
    durchs Fenster?
Osten ist dort, und Julia ist die Sonne.
Auf, schöne Sonne! Töt' die neiderfüllte
Mondsichel, die schon krank ist, blass
    vor Kummer,
Dass du viel schöner bist – du, ihre Jungfrau! –
Als sie. Drum dien als Jungfrau ihr
    nicht länger! …«

Nachdem Kinski geendet hatte, brüllte er in den Raum: »Und, wie war ich, ihr Arschlöcher? Kein Applaus?« Dann raffte er die Schöße seines Morgenrocks und fegte aus dem abgedunkelten Raum. Die Kerzen flackerten im Wind, den er gemacht hatte.

Nun konnte in Ruhe weiter produziert werden.

SO EIN LACKAFFE

Bei einer Hörspielaufnahme registrierte ich, wie mich eine neue Sprecherkollegin auffällig musterte. Da sie einige Jahre jünger war als ich, schmeichelte mir das. Überdies sah sie auch sehr gut aus.

»Wir kennen uns«, sagte sie, »ich weiß nur nicht woher. Haben Sie in Dresden gespielt?«

Ich schüttelte den Kopf. »Nicht mal im Traum.«

»Oder in Görlitz?«

»Nie.«

»Dann muss es in Leipzig gewesen sein.«

»Geben Sie es auf: Wir sind uns noch nie begegnet.«

»Jetzt weiß ich: Sie haben in Halle gastiert.«

Ich konnte ihr beim besten Willen nicht helfen. Ich hatte sie noch nie gesehen. Plötzlich entfuhr ihrer Kehle ein spitzer Schrei. »Natürlich, Sie waren dieser Lackaffe aus der Kosmetikwerbung. Bei jedem Kinobesuch musste ich Sie erleiden.«

Damit traf sie mich tatsächlich. Mit irgendeinem abseitigen Produkt in Verbindung gebracht zu werden war nicht unbedingt die Erfüllung eines Schauspielerdaseins. Ich hatte damals das Angebot eines Tempelhofer Cremeherstellers angenommen und mich für ein Werbefilmchen verpflichten lassen.

Das Unternehmen war schon bald pleite gegangen, doch mein Auftritt schien unvergessen.

Die junge Schauspielerin lachte sehr, dann sagte sie: »Ich glaube, ich muss mich erst mal vorstellen. Mein Name ist Gisela May.«

Wenn ich es recht bedenke, war vermutlich Gisela May daran schuld, dass ich nie wieder Werbefilme drehte.

WENN DIE GEDANKEN WANDERN ...

Friedrich Gnaß, Bauernsohn aus Westfalen, war gelernter Maschinenschlosser, Seemann, Bergmann, ehe er mit einunddreißig Jahren Schauspielunterricht nahm. Mit seinen Glubschaugen und der heiseren Stimme gab es für ihn am Theater und beim Film nur Nebenrollen. Doch die prägten sich ein, zumal er in Streifen spielte, die Filmgeschichte schrieben: »Mutter Krausens Fahrt ins Glück«, »M« von Fritz Lang, »Kameradschaft«, einer deutsch-französischen Koproduktion aus dem Jahr 1931. Gnaß war ein Charakterdarsteller von Rang. Als Brecht sein Berliner Ensemble gründete, holte er Gnaß an sein Theater, und er blieb am BE bis zu seinem Tod 1958. Er wurde nur fünfundsechzig Jahre alt, was möglicherweise an seinem beachtlichen

Alkoholkonsum lag. Ob er untertage oder auf See mit dem Saufen begonnen hatte, wer weiß. Vielleicht ertränkte er auch seine innere Zerrissenheit. Gnaß stand politisch links, weshalb ihn die Nazis 1936 auch vorübergehend inhaftierten. Dennoch wirkte er an nationalsozialistischen Tendenz- und Propagandafilmen mit. Dies war nur schwer zu verstehen, und vermutlich verstand er es selbst nicht. Weshalb er eben zur Flasche griff.

Wir nahmen Melvilles »Moby Dick« in einer Bearbeitung von Josef Pelz von Felinau auf, der auch Regie führte. Gnaß sprach standesgemäß Kapitän Ahab, der mit seinem Schiff das Ungeheuer jagte.

Nicht ganz nüchtern erschien Friedrich Gnaß im Studio. Felinau drückte ihn in einen Sessel, wo der Schauspieler schon wenig später vernehmlich einschlief. In der Hoffnung, er sei nach einem Nickerchen nüchtern, weckte ihn der Regisseur erst unmittelbar vor dem Schlussmonolog, der mit der Zeile endete: »Die Eisschollen schlagen ans Schiff.«

Gnaß baute sich hinterm Mikrofon auf und sprach. Die Bandmaschine drehte sich, alles war bestens. Ohne Pause hauchte und röchelte Gnaß mit leicht hervortretenden Augen seinen Text. Doch als er die »Eisschollen« erreichte, stoppte plötzlich sein Redefluss. Was hatte er? Dem Wort nachlauschend sagte er noch einmal »Schollen«.

Und ein zweites und drittes Mal: »Schollen.«

Hatte er einen Aussetzer? Was war mit ihm?

Felinau meldete sich aus dem Regieraum. »Was ist, Herr Gnaß? Den letzten Satz werden wir doch noch schaffen. Das war doch alles sehr gut. Also bitte noch einmal.«

Gnaß reagierte nicht auf die Aufforderung. Stattdessen erklärte er wie geistesabwesend: »Ich habe meine Fischzuteilung noch nicht abgeholt.«

Die Frauen im Aufnahmestudio kicherten. Die anderen schauten sich entgeistert an. Merkwürdige Assoziation.

»Noch einmal von vorn?«

»Ja, bitte«, kam es aus dem Lautsprecher. »Noch mal von vorn. Ich will die Schlusspassage in einem Stück haben.«

Gnaß hob erneut an. Es lief tadellos. Alle atmeten auf. Auch ich. Die Zeit drängte, ich musste zur Theaterprobe.

»Die Eisschollen ...«

Da brach er wieder ab, drehte sich um und ging. Verstörte Blicke im Studio und im Regieraum.

»Holt ihn zurück«, forderte Felinau.

Ein Pulk eilte Gnaß hinterher. Ich erwischte ihn am Rockzipfel. »Friedrich, wo willst du hin?«

Er stierte mich mit glasigen Augen an. »Das darf ich hier nicht sagen.«

»Was darfst du hier nicht sagen?«

»Dass ich meine Fischzuteilung abholen muss.«

Felinau kapitulierte. Er strich die letzte Zeile und bestellte für Gnaß ein Taxi.

NICHT MEHR ERWÜNSCHT

Gerhard Wollner war in den fünfziger Jahren nicht nur mein Partner in vielen Fernsehsendungen, fast täglich bespielten wir ab 22.30 Uhr das »Palastbrettl« im Keller des Friedrichstadtpalastes. Es handelte sich um das erste Nachtkabarett hierzulande, ein Cabaret in des französischen Wortes ursprünglicher Bedeutung: ein Restaurant mit Kulturprogramm. Das, so sollte sich erweisen, wurde uns zum Verhängnis. Die HO, die das Etablissement bewirtete, klagte über mangelnden Umsatz. Denn während der anderthalb Stunden, in denen wir spielten, durfte nicht serviert werden. Die Türen blieben zu. Das beklagte nicht nur die HO.

Die Friedrichstraße war in den zwanziger Jahren die verruchte Vergnügungsmeile Berlins. In Rudimenten lebte dies fort. Kurzum, die Damen, die in eben jenem Kellerlokal im Friedrichstadtpalast ihre Freier holten, fühlten sich bei der Kundenakquise durch uns erheblich gestört. Die Bezirksleitung der Partei gab dem Druck nach und zog uns aus dem Verkehr, damit andere verkehren konnten.

Das war aber nur die halbe Wahrheit. Die andere Hälfte war das Erschrecken »der Partei« über die Geister, die sie gerufen hatte. Das Brettl sollte frech sein, hatte sie gefordert. Autoren wie Hansgeorg Stengel, Kurt Zimmermann oder Hans Krause schrieben uns satirische Texte, für die wir tosenden Applaus ernteten. Und plötzlich erschreckte »die Partei« die eigene Courage. Auch das Argument unseres Direktors, »der Köfer hat doch so eine positive Ausstrahlung, da kann doch gar nichts passieren«, half nicht. Daher kamen den Entscheidern die Interventionen der leichten Mädchen zupass.

»DISTEL«-LEUTE

Kurz nach Schließung des »Palastbrettls« meldete sich Erich Brehm, Leiter der »Distel«, und fragte, ob ich nicht bei ihm einsteigen wolle. Mit Gerd E. Schäfer, Komiker- und Kabarettbruder im Geiste, begann ich dort, ein Programm zu entwickeln. Am Ende sollten es fünf sein, die wir gemeinsam auf den Brettern der »Distel« hinlegten. Ich erinnere mich gerne an Szenen wie »Der brave Bürger« mit der hervorragenden Kabarettistin Gina Presgott. Oder an das »Lied vom guten Appetit«, das uns Nils Werner schrieb. Ich lernte von Kollegen, die bei der »Distel« tätig waren, wie Heinz Draehn, Werner Troegner, Gustav Müller, Ingrid Ohlenschläger, und arbeitete mit Regisseuren wie Wolfgang E. Struck, später Intendant des Friedrichstadtpalastes, Erich

Brehm, Ernst Kahler und auch wieder mit Robert Trösch zusammen. In der DDR entwickelte sich eine Form des politischen Kabaretts, das den denkenden Zuschauer und -hörer verlangte, weil oftmals der Witz unausgesprochen zwischen den genehmigten Zeilen stand. Doch genau das forderte den Geist heraus, um das, was man sagen wollte, an den Prüfstellen vorbeizubekommen. Die Kleinkunst, so begriff ich dort, ist große Kunst.

DA STELLEN WIR UNS MAL GANZ DUMM

»Distel«-Regisseur Ernst Kahler war ein vielseitig begabter Mann. Er brillierte als Schauspieler im Film und auf der Bühne, inszenierte am Theater, schrieb Bücher und verfügte über die sprichwörtliche Berliner Schlagfertigkeit, wovon folgende Anekdote Zeugnis geben soll:

Kahler fährt mit seinem Fahrrad über eine Behelfsbrücke in Berlin-Baumschulenweg. Vor der Brücke steht ein Schild: Radfahren verboten!

Er ignoriert es.

Ein Polizist kommt auf ihn zu und fragt in sehr barschem Ton: »Können Sie nicht lesen?«

Es ist wohl die dumme Frage, die Ernst ärgert.

Jedenfalls antwortet er: »Nein!« – Pause.

Der aus der Fassung gebrachte Polizist sagt: »Sie müssen doch lesen können.«

»Nein«, beharrt Ernst.

»Was sind Sie denn von Beruf?«, will der Polizist wissen.

»Regisseur.«

Der immer verzweifelter wirkende Polizist sagt: »Aber da müssen Sie doch lesen können!«

»Nein«, sagt Ernst, »die Schauspieler lesen mir ja die Texte vor.«

Da setzt sich der Polizist auf einen großen Stein, winkt resigniert ab und sagt: »Fahren Sie weiter!«

DANKBARKEIT

An der »Distel« lernte ich Lothar Creutz und Carl Andrießen kennen. Die beiden namhaften Drehbuchautoren und Satiriker waren dem Alkohol sehr zugetan. Wenn ich nach der Vorstellung in der »Distel« in die S-Bahn stieg, traf ich sie oft. Lothar Creutz wohnte, ebenso wie ich, in Kleinmachnow. Andrießen hingegen stieg bereits in Zehlendorf aus der Bahn. Ich fuhr immer bis zum Bahnhof Düppel, wo mein Pkw stand, in den ich umstieg und weiter bis nach Hause fuhr.

Einmal bat mich Andrießen, den äußert betrunkenen Lothar Creutz nach Hause zu bringen. Er fürchtete wohl nicht zu Unrecht, dass dieser den Weg allein nicht mehr fände. Ich tat dies und lieferte den Kollegen bei seiner Frau ab. Danach fuhr ich nach Hause. Müde von einem arbeitsreichen Tag legte ich mich ins Bett.

Kaum war ich eingeschlafen, klingelte das Telefon. Ich nahm den Hörer ab: »Ja bitte?«

»Ist da Köfer?«

»Ja, hier ist Herbert Köfer.«

»Hier Lothar Creutz. Haben Sie mich eben nach Hause gebracht?«

»Ja«, antwortete ich.

»Das war sehr freundlich von Ihnen. Da möchte ich mich herzlich bei Ihnen bedanken«, sagte er mit schwerer Zunge und legte auf.

Ziemlich verärgert kehrte ich ins Schlafzimmer zurück. Ich musste wohl soeben eingeschlafen sein, als ein Geräusch an mein Hirn drang. Ich schlug die Augen auf – zum Teufel, schon wieder das Telefon. Ich erhob mich, tastete nach den Latschen und schlurfte in den Flur.

»Ja bitte?«

»Ist dort Köfer?«

»Ja!«

»Haben Sie mich gerade nach Hause gebracht?«

»Ja, Herr Creutz, ich habe!«

»Danke, das war ja wirklich sehr freundlich von Ihnen. Da möchte ich mich ganz herzlich bei Ihnen bedanken!«

Wütend haute ich mich wieder ins Bett. Nach etlichen Minuten sank ich endlich in Morpheus' Arme. Ein neuerliches Klingeln riss mich unsanft aus diesen. Träumte ich, oder hatte tatsächlich das Telefon geläutet?

Ich erhob mich, griff den Hörer: »Ja bitte?«

»Ist da Köfer?«

»Jaaaaaaa!«

»Sie haben mich doch gerade nach Hause gebracht. Da möchte ich mich sehr herzlich bedanken. Das war wirklich sehr freundl …«

»Herr Creutz«, brüllte ich in die Muschel, »ich will jetzt schlafen, und ich wäre Ihnen sehr dankbar, wenn Sie mich endlich ließen!«

Das Telefon klingelte noch drei Mal. Gegen fünf Uhr riss ich die Telefonschnur aus der Dose und verpasste dadurch um acht Uhr den Weckruf für einen wichtigen Termin.

Sollte ich mal wieder eine gute Tat tun, werde ich vorher schriftlich verfügen, auf jegliche Danksagung telefonischer Art zu verzichten.

Lothar Creutz habe ich übrigens nie wieder nach Hause gebracht!

VORSCHRIFT IST VORSCHRIFT

Acht Jahre hatte ich – neben der Arbeit beim Fernsehen – meinen Zweitvertrag bei der »Distel«, und meine Zeit war immer knapp. Zum Glück liegt Kleinmachnow nur 17 Kilometer von Berlins Zentrum entfernt, und ich fuhr quer durch Westberlin mit meinem Auto zur Arbeit und zurück. 1961, als das angrenzende Steglitz hinter einer Mauer verschwand, weil es zu Westberlin gehörte, war der Ort nur noch über zwei Brücken über den Teltow-Kanal zu erreichen. Wollte man zum Alexanderplatz in der »Hauptstadt der DDR«, fuhr man über Stahnsdorf und Teltow. Das war dann fast eine halbe Weltreise. Noch aber konnte man über die Avus durch den Grunewald fahren. Das war von meiner Obrigkeit zwar nicht gern gesehen, doch möglich war's. Zumal wenn man von den zuständigen Stellen – in meinem Fall vom Kulturminister – den Grenzpolizisten ein entsprechendes Papier vorweisen konnte.

Als ordentlicher Mensch erklärte ich einmal dem Grenzer in Drewitz, es war der 13. Oktober 1957, dass ich passieren wolle, um in den demokratischen Sektor und an meinen Arbeitsplatz zu gelangen.

Der Genosse erkundigte sich, wie viel Geld ich mit mir führe. Ich wies ihm die Banknoten vor.

Ob ich nicht wisse, dass die Scheine heute ungültig geworden seien und umgetauscht werden müssten?

Ich schaute ihn ungläubig an.

»Hören Sie kein Radio, Herr Köfer? Wegen der Finanzspekulationen und illegalen Geldwechsel wurden die alten DDR-Banknoten eingezogen und gegen neue getauscht. Sie müssen nach Potsdam zurück und zur nächsten Bank, die Ihnen das Geld umtauscht.«

»Wie bitte?«, fragte ich ihn entgeistert. »Ich habe gleich Vorstellung in Berlin.«

»Na, dann findet die Vorstellung eben nicht statt«, meinte der Posten. »Ich kann Sie nicht mit dem alten Geld fahren lassen. Vielleicht tauschen Sie es illegal in Westberlin.«

»Die paar Kröten? Das ist doch ein Witz. Ich habe weder Zeit für Potsdam noch für den Bahnhof Zoo.«

»Vorschrift ist Vorschrift. So kann ich Sie nicht fahren lassen. Auch Sie nicht, Herr Köfer.«

»Wissen Sie was? Ich lasse die Banknoten bei Ihnen.«

»Das ist Bestechung.«

»Ich will Ihnen das Geld ja nicht schenken. Sie sollen es nur für mich aufbewahren, bis ich es wieder abhole. In fünf, sechs Stunden komme ich wieder retour.«

»Ich bin doch keine Bank.«

So ging es hin und her, bis endlich ein Vorgesetzter ein Einsehen hatte und sich bereit erklärte, die Scheine so lange an sich zu nehmen. »Aber gleich nach der Vorstellung kommen Sie hierher zurück!«, sagte er. Ich versprach's und raste durch die Stadt, in welcher angeblich, folgte ich den Meldungen unserer Sender, Spekulanten und Schieber in Wimmern und Wehklagen ausgebrochen waren. Ich hörte nichts davon. Vielleicht lag es am Fahrtwind.

DER SCHMERZ

Wieder war eine Premiere in der »Distel« erfolgreich gelaufen. Die Premierenfeier fand wie immer im Presseclub statt. Da ich mit dem Auto nach der Feier zurück nach Kleinmachnow wollte, blieb ich nüchtern. Lustig war es trotzdem.

So gegen 24 Uhr fiel Werner Lierck in einer Ecke des Presseclubs in einen tiefen Tiefschlaf. Ihn zu bewegen war schwer, da er »voll« war. Da wir den Presseclub aber so verlassen mussten, wie wir ihn vorgefunden hatten, war es nötig, ihn wie auch immer irgendwie zu »beseitigen«.

Werner – nicht den Club.

Es gelang den anwesenden Kollegen ihn bis zu meinem Auto zu bringen. Ihn allerdings ins Auto zu kriegen, war schon wesentlich schwieriger, aber auch das klappte schließlich. Werner saß nun auf der Rückbank, und Gustav Müller, neben mir sitzend, hatte dafür zu sorgen, dass Werners Beine, mit denen er immer um sich trat, mich nicht beim Fahren störten.

Er trat nicht nur mit den Beinen mal nach links und mal nach rechts – nein – er schrie auch alle paar Minuten: »Ich habe einen Schmerz!«

Eine Antwort auf unsere Frage, wo denn der Schmerz lag, gab er uns nicht. Er schrie nur wieder: »Ich habe einen Schmerz!«

Das ging die ganze Fahrt so. Sicher kann sich jeder vorstellen, dass uns das nervte. Immer wieder: »Ich habe einen Schmerz!«

Na ja, einfach ignorieren, jeder ist anders »besoffen«, dem einen ist übel, der andere fühlt einen nicht vorhandenen Schmerz.

Endlich halten wir vor Werners Haustür. Gustav steigt aus, um Werner aus dem Auto zu helfen. Er öffnet die Tür ... und dann sah er die Bescherung: Werner hatte sich beim Einsteigen am Türrahmen des Autos festgehalten. Als er drin saß, hatte Gustav die Tür zugeschlagen – eigentlich normal –, nur Werner hatte die Hand noch immer am Türrahmen. Und so war sie die ganze Fahrt über eingeklemmt.

KEINE KABARETTNUMMER

Die Geschichte, die ich erzählen will, hat nur mittelbar mit der »Distel« zu tun. Sie hätte allerdings die Vorlage für einen »distelreifen« Sketch abgeben können.

Meine Eltern hatten uns Geld mit der Maßgabe geschenkt, im Kaufhaus am Alexanderplatz einen Teppich für unser Haus in Kleinmachnow zu kaufen. Das hatte ich gemacht. Es blieb noch genügend Zeit bis zur Vorstellung in der »Distel«. Also beschloss ich, schnell durchs Brandenburger Tor zu knattern, um den Teppich nach Hause zu bringen.

Wie üblich fuhr ich an den Posten heran und wies meine Papiere vor. Und, fast schon im Abfahren, da ich eine ehrliche Haut bin, rief ich noch: »Ich bringe nur schnell meinen Teppich nach Hause.«

»Moment mal«, rief da der Grenzer aufgeregt. Das gehe nicht. Ich benötige dafür eine Ausfuhrgenehmigung, erklärte er.

»Ich führe den Teppich doch nicht aus, sondern nur durch«, entgegnete ich lachend, da ich den Einwurf als heiteren Beitrag zu unserem freundlichen Dialog betrachtete. »Ich wohne in Kleinmachnow, habe mir einen Teppich am Alex gekauft und will den in mein Haus bringen. Wo liegt das Problem?«

»Dass ich das nicht erlauben darf. Wenden Sie bitte, und lassen Sie sich dort in der Kontrollstelle eine Ausfuhrgenehmigung erteilen.«

Ich tat, wie mir geheißen. Doch das Papier wurde mir verweigert. »Sie müssen untenrum fahren, über Schönefeld und Teltow.«

»Da komme ich zu spät zur Vorstellung.«

Schulterzucken war die Antwort.

Doch die DDR wäre nicht die DDR gewesen, wenn es nicht doch einen Ausweg gegeben hätte.

»Wissen Sie was? Ich rufe in der GÜST Drewitz an, dass Sie mit einem Teppich kommen, die sollen bestätigen, dass Sie ihn nicht in Westberlin gelassen haben.«

»Was ist die GÜST?«

Der Offizier grinste. »Na, die Grenzübergangs-stelle.«

»Einverstanden«, sagte ich, stieg in meinen Wart-burg und fuhr eine Schleife über den Pariser Platz. Ab durch die Mitte. Zwar standen jenseits des To-res auch Polizisten von der anderen Seite, doch die kontrollierten sonst nie.

Ich sollte mich diesmal getäuscht haben.

Offenkundig hatten sie beobachtet, dass es mit mir Probleme gegeben hatte. Sie winkten mich mit der Kelle an den Straßenrand.

»Öffnen Sie bitte den Kofferraum.«

Als sie den zusammengerollten Teppich sahen, entfuhr ihnen ein kollektives Oh.

»Den dürfen Sie aber nicht einführen. Es sei denn, Sie wollen verzollen.«

»Ich will weder einführen noch verzollen, ich will nach Hause nach Kleinmachnow.«

»Tut uns leid, dann müssen Sie zurück und über Schönefeld fahren.«

Hatten sich die Ost- und die Westgrenzer abgesprochen?

»Hören Sie, in Drewitz bin ich inzwischen mit dem Teppich bereits avisiert. Wenn ich dort nicht spätestens in einer halben Stunde aufkreuze, glauben die doch, ich hätte das Ding verschoben, getauscht, was weiß ich.«

Auch die Westberliner Polizisten lenkten ein. Also schön, ich solle in Dreiteufelsnamen fahren, sagten sie, aber ich müsse bei der Ausreise in Dreilinden unbedingt ihren Kollegen den Teppich vorweisen.

In Drewitz-Dreilinden interessierte sich kein Aas für meinen Teppich. Weder auf der West- noch auf der Ostseite. Ich musste die Uniformierten buchstäblich zwingen, einen Blick in meinen Kofferraum zu werfen.

ALS ICH UNTER DIE REPORTER GING

Obwohl ich kein Wort Russisch spreche, sollte ich aus Moskau für meine Sendung »Treffpunkt Kino« über die Premiere von Sergej Bondartschuks Filmepos »Befreiung« berichten. Selbstverständlich wollte ich die Meinung einiger Moskauer Premierenbesucher einfangen. Ich ließ mir deshalb von einem Russen die Frage »Wie hat Ihnen der Film gefallen?« übersetzen und lernte sie auswendig.

Im Foyer des Premierenkinos stellte ich meine Frage. Ich hatte allerdings nicht bedacht, dass mich die freundlichen und aufgeschlossenen Moskauer sofort in ein Gespräch verwickeln wollten. So stand ich ziemlich hilflos in einer ganzen Traube heftig diskutierender und wild gestikulierender Menschen.

Später in Berlin hatten wir viel Arbeit damit, aus diesem Durcheinander einen verständlichen Beitrag für die Sendung zu schneiden. Beim Ansehen des Materials amüsierten wir uns alle köstlich. Ständig hatte ich »Da, da« gesagt. »Mensch Herbert, toll, wozu du alles Ja gesagt hast«, meinten die Kollegen und lachten.

BONDARTSCHUKS WATERLOO

Der Regisseur und Schauspieler Sergej Bondartschuk war zwei Jahre später Gast in der Sendung »Treffpunkt Kino«, die ich moderierte. Bondartschuk war eine beeindruckende Erscheinung – und ein großartiger Erzähler. Als wir nach der Sendung noch zusammensaßen, erzählte er mir über seine Regiearbeit in dem Historienfilm »Waterloo« eine Anekdote, die zu schön ist, als dass ich sie Ihnen hier vorenthalten möchte:

Die monumentale Schlachtszene soll gedreht werden. Tausende von Kleindarstellern stehen bereit. Der Regisseur ist von einem erhöhten Standpunkt aus mit den einzelnen Aufnahmeleitern per Funk verbunden, gibt Anweisungen, wann die einzelnen Truppenteile in Marsch gesetzt werden sollen. Alles wird in einer einzigen Einstellung durchgedreht.

Um jede Panne auszuschließen, werden fünf Kameras eingesetzt, die von verschiedenen Standpunkten aus das Geschehen festhalten.

Alles ist bereit. Der Regisseur gibt das Zeichen. Die Aufnahme läuft. Die Schlacht tobt. Aus dem Westen greift die Kavallerie in den Kampf ein. Pyrotechniker zünden die Granaten. Rauchschwaden verdunkeln die ganze Szene zu einem Inferno. Der Regisseur ist zufrieden.

»Aus«, sagt er und befragt die einzelnen Kameraleute. »Kamera 1: Wie war's?«

Antwort: »Leider Fehler am Motor, konnte nicht drehen.«

»Kamera 2: Wie war es?«

»Film ist gerissen, konnte nicht drehen.«

»Kamera 3: Wie war es bei Ihnen?«

»Hatten Stromausfall, konnten nicht drehen.«

Kann passieren, es gibt ja noch zwei Kameras. Also:

»Kamera 4: Wie war's?«

»Unser Kamerastativ ist umgefallen, wir konnten nicht drehen.«

Mit einem winzigen Rest Hoffnung fragt der Regisseur die letzte Kamera.

»Kamera 5: Wie war …?«

»Großartig! Die Probe war super! Das nächste Mal drehen wir mit!«

CLOWNSNUMMER, NICHT JUGENDFREI

Ab 1964 wurde an jedem 26. Dezember die »Nacht der Prominenten« im Fernsehen ausgestrahlt. Das westliche Pendant hieß »Stars in der Manege«. Bei uns gab es keine Stars, dafür Fernsehlieblinge oder eben »Prominente aus Funk und Fernsehen«.

In einer solchen »Nacht der Prominenten« trat ich mit Gerd E. Schäfer in einer Clownsnummer auf. Wir kamen ganz schön ins Schwitzen unter unseren Clownskostümen, denn alles muss leicht aussehen, dabei ist es harte Arbeit, die Zuschauer zum Lachen zu bringen.

Beim Finale stellten sich alle Mitwirkenden noch einmal in der Manege auf. Neben uns lief Stefan Lisewski, der an diesem Abend Bären vorgeführt hatte. Als Maske hatte man mir eine ziemlich große Clownsnase angeklebt. Mit Blick auf diese Nase brachte Stefan den alten Spruch heraus: »Wie die Nase des Mannes, so sein Johannes!«

Im Zuschauerraum brach ein Riesengelächter aus.

Wir hatten vergessen, unsere Mikrofone abzuschalten.

POINTENKLAU

Im Fernsehtheater Moritzburg probten Hans-Joachim Preil und ich für die Komödie »Pierre und Isabelle«. Während dieser Zeit gastierte der Zirkus Berolina in Halle und jemand kam auf die Idee, in der Art einer »Nacht der Prominenten« eine Benefizveranstaltung zu organisieren, denn in Halle hatte es ein Hochwasser gegeben.

Hansi Preil und ich spielten einen Sketch in dem – selbstverständlich leeren – großen Käfig für die Tigernummer. Der Dompteur schlug vor, kurz vor der Schlusspointe die Tiger in den Käfig zu lassen, Preil und ich würden im gleichen Augenblick den Käfig auf der anderen Seite verlassen.

Es ist alles haargenau abgesprochen.

Hansi und ich parlieren mitten im Käfig, alles läuft bestens, bis wir merken, die Leute lachen an einer Stelle, an der es eigentlich gar nichts zu lachen gibt. Sie schütten sich geradezu aus vor Lachen. Verunsichert spielen wir weiter. Plötzlich wird Hansi blass. Und ich spüre einen heißen Atem an meinem linken Bein. Schlagartig wird mir klar: die Tiger sind da. Der Dompteur muss das Stichwort verwechselt und die Tiere zu früh in das Gitter gelassen haben. Ich weiß nicht, wie wir die letzten

Textzeilen über die Runden bringen. Es ist aber auch egal. Die Pointe hat uns sowieso Tiger Bombay geklaut, der sich, nachdem er uns genüsslich beschnuppert hat, auf seinem Platz niederlässt und ausgiebig gähnt.

WER ANDEREN
EINE GRUBE GRÄBT ...

Wolfgang Lippert hatte mich in seine Sendung »Glück muss man haben« eingeladen. Wir spielten gemeinsam einen Sketch, zu dem es gehört, dass wir uns gegenseitig zum Trinken auffordern.

Um mich zu foppen, hatte er einen gallebitteren Tee in die Flasche gefüllt. Ich merkte es beim ersten Schluck, doch ich unterdrückte den Brechreiz. Einen alten Theaterhasen wie mich haute das nicht um. Ich trank also und verzog keine Miene. Allerdings hatte Lippi vergessen, dass nun er an der Reihe war – oder er hatte darauf spekuliert, dass ich nach dem ersten Glas das Handtuch werfen würde.

Wir spielten den Sketch bis zum Ende, doch es drohte bei Lippi nach jedem weiteren Glas das, was beim übermäßigen Genuss von Hochprozentigem auch eintreten kann.

Ich hingegen schüttete mich nur aus vor Lachen. Wer anderen eine Grube gräbt, lieber Lippi, dreht sich manchmal selbst den Magen um, raunte ich ihm zu.

PROBENTERMIN

Mitte der siebziger Jahre zog ich von Kleinmachnow nach Zeuthen. Bei der Post in Zeuthen machte ich mich gleich beliebt, denn ich erhielt viele telefonische Telegrammdurchsagen. So auch, als wir gerade für die Unterhaltungssendung »Ein Bums wirkt manchmal Wunder« probten.

Das Telefon klingelt, ich nehme ab. »Hier Köfer, hallo?«

Auf der anderen Seite höre ich ein Kichern, dann ist Ruhe. Auf mein »Hallo, hallo?« kommt nach einer ganzen Weile ein: »Hier ist die Post …« Die Dame bringt den vor Lachen kaum zu verstehenden Satz raus: »Wir möchten ein Telegramm durchgeben.« Sie prustet in den Hörer.

Stockend, immer wieder von Kichern unterbrochen, übermittelt sie endlich: »Morgen 12 Uhr Bumsprobe.«

Ich komme nicht einmal dazu, mich für die Übermittlung zu bedanken, so schnell hat die Dame von der Post aufgelegt.

AHRENSHOOP

Just zu dieser Zeit wurden leider nicht nur in Zeuthen die Möbel gerückt. Fernab, an der winterlich einsamen Ostseeküste, in unserem Häuschen in Ahrenshoop, machte sich ebenfalls jemand an die Arbeit: Ein Einbrecher schaffte so einiges an Mobiliar und Hausrat aus dem Haus.

Wir hatten unser Häuschen, wie jedes Jahr im Herbst, winterfest gemacht und Türen und Fenster des Erdgeschosses mit Brettern versehen. Der Dieb bahnte sich seinen Weg über das Dach ins Innere. Wie es ihm gelang, Dinge wie etwa unseren Kühlschrank auf eben diesem Weg abzutransportieren, wird mir ewig ein Rätsel bleiben.

Die Polizei überführte den Täter, leitete die Rückgabe des Diebesguts an die rechtmäßigen Eigentümer, eben die Famlie Köfer, in die Wege, es gab eine Gerichtsverhandlung, der Mann wurde zu einer Gefängnisstrafe verurteilt.

Warum ich diesen für uns letztlich glimpflich ausgegangenen Vorfall bis heute nicht vergessen habe, liegt an einem Brief, den mir der reuevolle Täter aus dem Gefängnis schrieb.

Sehr geehrter Herr Köfer!
Bei den Ermittlungen in meiner Strafsache erfuhr ich,
welche geachtete Persönlichkeit ich schädigte. Da ich
Sie vom Film und Fernsehen kenne und auch persön-
lich als Schauspieler sehr schätze, möchte ich mich bei
Ihnen für den angerichteten Schaden entschuldigen.
Als ich Sie bei der Übergabe der Sachen sah sowie die
Gesamtschadenhöhe erfuhr, wurde mir erst richtig klar,
was ich angerichtet habe. (…) Ich möchte Sie bitten,
nichts Schlechtes von mir zu denken, da ich zum Zeit-
punkt meiner Tat mit den Nerven so fertig war. Durch
familiäre Sachen, denn meine Frau hat sich scheiden
lassen, und dadurch verlor ich meinen Sohn, was für
mich der größte Verlust in meinem Leben war, und
der mir sehr Freude brachte und ich jetzt allein bin,
begann ich Taten, sodass ich manchmal überhaupt
nicht wusste, was ich tat. Ich war vor der Scheidung
auch ein ganz normaler und geachteter Mensch, aber
danach verlor ich mich total aus dem Gleichgewicht.
Nach meiner Entlassung werde ich ganz von vorn be-
ginnen und versuchen, wieder ein geachtetes Mitglied
unserer sozialistischen Gesellschaft zu werden. Für
den angerichteten Schaden komme ich natürlich auf.
So, nach diesen Zeilen ist mir leichter, denn ich wollte
Ihnen bei der Übergabe der Wertsachen das sagen,
aber ich schämte mich so sehr. Hochachtungsvoll …

Ich will nicht sagen, dass mein Ärger verraucht war,
aber ich wünschte dem Manne nur Gutes.

NOCH EINE
»HAUS«-GESCHICHTE

Ich also war in das Haus am Zeuthener See gezogen. Der alten Dame, von der ich es erworben hatte, räumten wir bis zum Ende ihrer Tage ein Bleiberecht ein.

Als dann auch wir Ostler in den Genuss der Boulevardpresse kamen, las ich, dass ich mich in ein »Refugium« zurückgezogen hätte. Sei es drum! Und von Köfers »Villa« war zu lesen – unbestritten, es war ein wirklich großes Haus. Viel zu groß für zwei Personen und zwei Hunde.

Als uns dann auch noch im Februar 2010, während ich zu Dreharbeiten für die ZDF-Serie »Notruf Hafenkante« in Hamburg weilte, zu denen mich Heike und unsere Vierbeiner begleiteten, skrupellose Einbrecher heimsuchten, fühlten wir uns nicht mehr wohl in unserer »Villa« am See.

Auch hier kürze ich ab: Mit zweiundneunzig Jahren entschloss ich mich, ein Haus zu bauen.

Während wir einerseits das zügige Wachsen unseres neuen Hauses unweit des Seddiner Sees beobachteten, begannen wir andererseits eher zögernd mit dem Reduzieren des Hausstandes.

Angesichts dessen, was sich da in vielen Jahren angesammelt hatte, mussten wir einfach mutiger und radikaler vorgehen – weg mit diesem, weg mit jenem, das lässt sich verschenken, das ist für den Sperrmüll. Aber es gibt unverzichtbare Lieblingsstücke. So verpackten wir unsere vielen Bilder sorgsam, die würden dem neuen Heim ein Stück alte Vertrautheit geben.

Wir hatten die Rechnung ohne den Architekten gemacht: Schmuck sehen die angeschrägten Wände unseres neuen Zuhauses aus, laufen zu Rundungen zusammen oder bilden interessante Eckchen. Bilder aufhängen? – fast unmöglich. Ich könnte sie mir auf dem Dachboden ansehen, wo wir sie abstellten. Aber sie sind ja immer noch verpackt.

TIERPARKGESCHICHTEN

Mich verbindet schon seit vielen Jahren ein leidenschaftliches Verhältnis zum Zoo. Der erste enge Kontakt entstand 1988, als ich in der Serie »Tierparkgeschichten« im Tierpark Hoyerswerda die Rolle des Tierarztes »Dr. Mehl« übernahm. Unter der Regie von Martin Eckermann stand ich neben Erik S. Klein in der Rolle des Direktors vom »Tierpark Hoegersund«, Karsten Speck, Jochen Thomas,

Marianne Wünscher und anderen in sieben Folgen vor der Kamera.

Jahre später, an einem meiner Geburtstage, gastierte ich mit »Köfers Komödiantenbühne« in der Lausitzhalle. Zu den Gratulanten gehörte neben dem Bürgermeister der Stadt auch der damalige Zoodirektor, Dr. Werner Jorga. So wurden die alten Beziehungen zum Zoo aufgefrischt. In der darauffolgenden Zeit besuchte ich mehrfach den Zoodirektor und seine vielen fleißigen Helfer, und es war für mich und meine Frau Ehrensache, im April 2008 in diesem Zoo für ein Jahr die Patenschaft über ein Amur-Tigerbaby namens Ronja zu übernehmen.

Als Ronja dann nach einem Jahr in einen anderen Zoo umziehen musste, haben wir die Patenschaft für Ronja nicht verlängert, sondern für das Fischotter-Mädchen Fibi eine neue abgeschlossen.

Von einer Tierpflegerin hatte das Findelkind alles gelernt, was man als Fischotter so können muss. Vom Jagen über das Schwimmen bis zum Fische fressen, denn das Tier war erst sieben oder acht Wochen, als sie gefunden wurde. Die Lernerfolge demonstrierte Fibi, als wir sie mutig aus der Hand mit Fischen fütterten: Die scharfen Zähne des Otters können sicherlich nicht nur Fisch zerlegen.

Wir besuchten Fibi des Öfteren, und bei einem dieser Besuche durften wir in die »heiligen Hallen«, in denen gerade das große Schlüpfen angesagt war.

Ich habe noch nie so viele kleine Schildkröten gesehen ... Als Höhepunkt des Tages ging es in einen
Stall, in dem ein kleines, vierundzwanzig Stunden
altes schwarzes Karakulschaf im warmen Stroh lag.
Eine Tierpflegerin hob es hoch und legte es mir in
die Arme. Das war ein schönes Gefühl – und ein
noch schöneres Bild, denn ich hatte eine schnee-
weiße Jacke an und das kleine schwarze Schäfchen
lag malerisch in meinen Armen. Nur, was bis dahin
noch keiner bemerkt hatte, aber was nicht ungewöhnlich ist bei Neugeborenen: Das Kleine hatte
Durchfall, und es war ihm offensichtlich völlig
schnuppe, wo es sich in diesem Moment befand ...

Ein ganzer Stab von Mitarbeitern des Zoo be-
mühte sich, meine Jacke irgendwie wieder sauber
zu bekommen, was mehr schlecht als recht gelang.

Egal, so ein Missgeschick kann meine Liebe zu
Tieren auf gar keinen Fall schmälern.

PREMIERE IN COTTBUS

Die Mauer war gefallen. Ich hatte in den Monaten zuvor mit Beschämung das Agieren unserer Regierung beobachtet. Als Tausende junger Menschen das Land verließen und Honeckers vollmundiger Kommentar lautete, man solle ihnen keine Träne nachweinen, gab mir das einen tiefen Stich ins Herz. Ich fühlte mich in dem Land zu Hause. Ich liebte meine Arbeit und unser so waches, interessiertes und kluges Publikum.

Am 4. November 1989 fand die von Mitarbeitern mehrerer Ost-Berliner Theater organisierte große Demonstration auf dem Alexanderplatz statt und forderte Presse-, Meinungs- und Versammlungsfreiheit. Das gesamte Ensemble des DDR-Fernsehens, dem ich angehörte, schloss sich der Demonstration an. Was würde sie bringen? In unserer Fernsehwelt jedenfalls erst einmal etwas, das es bisher nicht gegeben hatte. Es handelte sich um die erste Ko-Produktion des öffentlich-rechtlichen Fernsehens mit dem DFF, also eine deutsch-deutsche Gemeinschaftssendung. Aus der Stadthalle in Cottbus wurde im Dezember 1989 ein Musikantenstadl gesendet. In den Annalen des Fernseharchivs wird die Sendung als »Sonderstadl« geführt. »Ost«- und »West«-Künstler waren geladen, auch ich reiste an.

Es war schon ein eigenartiges Erlebnis, so wenige Tage nach der Grenzöffnung hier in »unserem« Cottbus die Garderobenschilder der Kollegen aus dem Westen zu sehen. Da war in großen Buchstaben zu lesen: WOLFGANG VÖLZ, HARALD JUHNKE und so weiter.

Nur meine Garderobe fand ich nicht. Ich fragte die Aufnahmeleiterin, ob sie mir den Weg zu meiner Garderobe zeigen könnte. Sie sagte freundlich: »Sie stehen genau davor.« Ich drehte mich um und stand vor einer Tür auf deren Schild »Herren/DDR« stand.

Ich bin ein harmoniebedürftiger Mensch. Aber nicht in diesem Fall. Ich war plötzlich namenlos. Ich war so konsterniert und innerlich erregt, dass ich etwas machte, was ich noch nie zuvor in meiner Laufbahn gemacht hatte. Ich sagte zu der Aufnahmeleiterin: »Passen Sie auf, wir machen das mal so: Ich setze mich jetzt in mein Auto und warte exakt zehn Minuten. Wenn ich bis dahin keine eigene Garderobe mit meinem Namen an der Tür habe, reise ich ab.« Ich ging los und rechnete mir schon aus, wann ich wieder zu Hause sein würde.

Es dauerte nur fünf Minuten, da kam jemand an mein Auto und sagte: »Herr Köfer, Ihre Garderobe mit Ihrem Namen an der Tür ist jetzt fertig.«

Vielleicht mag der eine oder andere meine Reaktion für kleinlich halten. Aber ich konnte nicht anders. Wenn du dir das bieten lässt, sagte ich mir, dann wirst du untergebuttert. Eine alte Erkenntnis: Ein freiwillig aufgegebenes Terrain bekommt man niemals wieder.

Umso schöner, dass es für mich bald so viele kollegiale und freundschaftliche Begegnungen gab. Mit Günter Pfitzmann, mit Horst Niendorf, der mich ans Hansa Theater holte. Auch mit Brigitte Grothum, Klaus Sonnenschein, später mit Dietmar Schönherr, Michael Degen und Jürgen Wölffer, dem Chef des Theaters und der Komödie am Kurfürstendamm.

An diesem Abend in Cottbus aber trafen Kollegen aus Ost und West aufeinander, die sich bisher nur vom Bildschirm kannten.

Edith Hancke kam auf mich zu, sagte: »Mensch, der Herbert!« und umarmte mich.

Wolfgang Völz begrüßte mich: »Endlich kann ich dir mal die Hand drücken!«

Auch Harald Juhnke traf ich zum ersten Mal. Er trat gleich auf mich zu und sagte: »Der Herbert Köfer! Ich habe oft über Sie gelacht!«

»Fragt sich nur, wer über wen mehr gelacht hat …«, entgegnete ich.

Mit Juhnke verband mich bald ein herzliches Verhältnis, und manches Mal sind wir beiden Urberliner gemeinsam durch unsere wiedervereinte Stadt geschlendert, und jeder konnte dem anderen in »seinem« Teil bislang Unbekanntes zeigen..

HERZKLOPFEN

Und doch folgte dem Freudentaumel der Wende-
zeit schnell die Ernüchterung. Das Schauspielerensemble wurde aufgelöst, der Deutsche Fernsehfunk abgewickelt, und mancher sah trostlosen
Zeiten entgegen.

Kurz vor dem Ende des DFF wurden Uta Schorn
und ich in eines der noch wenigen vorhandenen
Studios zur Aufzeichnung einer Rätselsendung eingeladen. Es war ein eigenartiges Gefühl, alles befand sich in Auflösung, abgeschnittene Kabel hingen herum, es sah trostlos aus.

Wir nahmen auf hübschen Stühlen Platz. Nach
der Sendung fragten wir uns: Was wird wohl mit
diesem Mobiliar geschehen? Ob das jemanden interessiert, ob das überhaupt einer merkt, wenn wir
die einfach mitnehmen?

Kurz entschlossen klemmten wir uns jeder zwei
Stühle unter den Arm und luden sie in unsere vor
der Tür geparkten Autos.

Doch am Ausgang forderte uns der Pförtner auf,
die Kofferräume zu öffnen.

O Gott, dachte ich, vierzig Jahre hast du ehrlich beim Fernsehen gearbeitet, dir nie etwas zu-
schulden kommen lassen, und nach deiner letzten

Aufzeichnung erwischen sie dich mit geklauten Stühlen! Mein Herz schlug bis zum Hals.

Doch der Pförtner übersah – oder ignorierte? – die Stühle und ließ uns passieren.

EINE BERÜHMTE FAMILIE

Die »Neumanns« waren bekannt wie ein bunter Hund. »Neumann, 2x klingeln«, im Hörspielstudio in der Nalepastraße produziert, lief in 678 Folgen auf Radio DDR I, auf 31 Folgen brachte es die Fernsehserie über die Neumanns – und in der einen wie der anderen Produktion war ich als Familienvater Hans Neumann zu hören und zu sehen.

Nach der Wende hatte ein Journalist den Einfall, die Neumann-Serie zur »Lindenstraße des Ostens« zu erklären. Na gut, das Kind muss einen Namen haben, vielleicht hilft so etwas ja, beim Westpublikum Neugier auf das zu erwecken, was aus dem Osten ins vereinte Vaterland eingebracht wird, dachte ich bei mir. Aber so ging es weiter: Frank Schöbel sei der »Udo Jürgens des Ostens«, Peter Borgelt der »Maigret des Ostens«, Regina Thoss die »Milva des Ostens«, Gojko Mitić der »Pierre Brice des Ostens«, Winfried Glatzeder der »Belmondo des Ostens«, Ingeborg Krabbe die »Heidi Kabel des Ostens«, Angelica Domröse die »Bardot

des Ostens«, der Polizeiruf der »Tatort des Ostens«.
O himmlische Einfalt!

Im Übrigen hat – wenn ich richtig informiert
bin – nie ein Journalist irgendjemanden, irgendetwas als »Sowieso des Westens« apostrophiert.

Und wer jetzt denkt, Herbert Köfer war Herbert
Köfer, nein, beileibe nicht: »Herbert Köfer war der
Harald Juhnke des Ostens.«

ORCHESTERMUSIKER?

Mein Freund aus »lachenden Bärenzeiten«, Gerhard Wollner, hatte mich mit Horst Niendorf, dem
Chef des Westberliner Hansa Theaters, bekannt
gemacht. Niendorf inszenierte ein Stück nach Ge-
org Hermanns Roman »Rosenemil« und besetzte
mich, an meiner Seite Brigitte Grothum. Im März
1990, noch gab es zwei deutsche Staaten, spielte
ich also auf einer Westberliner Bühne. Ich hatte
großes Glück, gleich nach der Wende wieder be-
schäftigt zu werden. Es gab nicht wenige hervorragende Schauspieler, Musiker und Entertainer,
die in der DDR große Nummern waren und die
nun, als gestandene Künstler, im Westen wieder
von vorn anfangen und Klinken putzen mussten.
Auch ich musste einige Male beweisen, dass ich
kein Orchestermusiker war.

Und tatsächlich war es eine Popularität aus alten Zeiten, die mir zu einer ersten Serienrolle im ARD-Fernsehen verhalf. Einer meiner Kollegen vom Hansa Theater erwähnte meinen Namen in einem Gespräch mit dem UFA-Produzenten Eike Hendrich. Der horchte auf. Als Kind hatte er mit Begeisterung »Rentner haben niemals Zeit« geguckt. Durch ihn bekam ich eine Rolle in der Serie »Auto-Fritze«, die 1993/94 ausgestrahlt wurde. Und bald stand ich auch wieder mit »alten«, mir vertrauten Kollegen vor der Kamera.

KÖFERS KOMÖDIANTENBÜHNE

Mit siebzehn hat man noch Träume, heißt es im Schlager. Ich hingegen war zweiundachtzig. Und hatte noch Träume! Genauer: den Traum von einem eigenen Theater. Und ich fühlte mich reif, meinem Traum die Tat folgen zu lassen.

Nun möge jeder seine Träume für sich träumen, wer die Verwirklichung anstrebt, wird ohne verlässliche Partner nicht weit kommen. Ich fand sie in meiner Frau Heike, in Mario Behnke von der Agentur Show-Express, in Kollegen wie Ingeborg Krabbe, Marianne Kiefer, Beppo Küster, Günter Junghans, Ursula Staack, Dorit Gäbler ... ich kann sie nicht alle nennen, die im Laufe vieler erfolgreicher Jahre an »Köfers Komödiantenbühne« mitwirkten. So nämlich nannten wir unser Tourneetheater.

Ich will noch hinzusetzen: Die Fachleute des Kulturbetriebs winkten ab, Tourneetheater? – diese Zeiten seien vorbei, so etwas funktioniere nicht mehr im Zeitalter »moderner Unterhaltung«. Das Publikum wolle Events, wolle den Glanz und Glimmer der Musical-Bühnen, strebe in die großstädtischen Zentren und so weiter.

Leute in Bürosesseln, die zu wissen meinen, was »das Publikum« will, sind mir suspekt. Da bin ich stur bis unbelehrbar. Wer kennt das Publikum besser als wir Schauspieler? Wer erfährt hautnah, ob das Spiel einen Nerv trifft?

Es steht auf einem anderen Blatt, was alles unternommen werden muss, um das Publikum in die Vorstellungen zu holen. Wie anno dunnemals, als per Aushang das »fahrende Völkchen der Schauspieler« angekündigt wurde und alle, alle kamen, geht es nicht mehr. Dachten die Warner, wir seien so naiv?

Fünfzehn Jahre tourte Köfers Komödiantenbühne durchs Land, vierzig bis fünfzig Vorstellungen gaben wir jedes Jahr – und Subventionen, nach denen sich der Kulturbetrieb allenthalten streckt, brauchten wir nicht. Ist das nicht traumhaft?

Auf Tournee mit Köfers Komödiantenbühne: in der Garderobe des Salzlandtheaters Staßfurt

EIN TRAUM RÜTTELT MICH WACH. EIN ALPTRAUM

Du weißt, im Traume kann so
vielerlei geschehen.
Und es kann so verwandelt sein.
Wie eine Blume lautlos
schläfst du ein,
und du erwachst
vielleicht in einem Schrei.

Rainer Maria Rilke

Das kennt man ja von einem »bösen Traum«: Man wird wach, und erleichtert stellt man fest: Alles nur geträumt. Und doch ist da was, das uns bewegen muss; denn Träume reflektieren die Befindlichkeiten des Unterbewussten und der Seele.

Träume konfrontieren uns auch mit Ereignissen, die lange zurückliegen. Die wir verdrängt haben. Es gibt Träume, die man ganz schnell wieder vergisst. Aber es gibt auch jene, die uns wachrütteln, die uns nicht mehr verlassen.

Ich hatte einen solchen Traum, und ich habe lange gezögert, ob ich ihn überhaupt anderen anvertrauen sollte.

Es geht um ein verdrängtes Schuldgefühl.

Wir waren zu Beginn des Jahres 2007 mit meiner »Komödiantenbühne« und dem Lustspiel »Zwei Mann an einem Herd« auf großer Tournee. Mit von der heiteren Bühnen-Partie waren meine geschätzten Kollegen Uwe Zerbe, Wolfgang Lippert, Angelika Mann und Dorit Gäbler. Wir konnten zufrieden sein mit der Resonanz – die Presse behandelte uns nett, und das Publikum hatte seinen Spaß. Die meisten Vorstellungen waren ausverkauft.

Eines Morgens kam ich sehr zerknirscht, ja, fast aufgewühlt, in den Frühstücksraum unseres Hotels. In einer solchen Verfassung hatten mich die Kollegen bislang noch nicht erlebt. Für gewöhnlich tauscht man ja zu früher Stunde irgendwelche Belanglosigkeiten aus und führt noch keine tiefschürfenden Gespräche.

Ich musste unaufhörlich an einen Traum denken, den ich in der Nacht hatte und der mich einfach nicht mehr losließ.

Ich hatte geträumt, dass ich meine Oma weinend vor einem leeren Teller sitzen sah. Sie hatte Hunger und war verzweifelt, weil ihr niemand etwas zu essen gab. Ich nahm sie in den Arm und sagte zu ihr: »Oma, das ist doch kein Problem. Wenn du hungrig bist, gehen wir in ein Restaurant. Da kannst du essen, was du magst. Worauf hättest du denn Appetit?«

»Nudeln«, sagte sie, »ich würde gern Nudeln essen, mein Junge.«

Da gingen wir in ein Restaurant, und ich bestellte für meine Oma eine große Portion Nudeln.

»Wir haben überhaupt nichts zu essen«, bedauerte der Kellner. Ich regte mich auf und meinte: »Was reden Sie denn da? Meine Großmutter hat Hunger und möchte Nudeln essen.«

Der Kellner schüttelte den Kopf. »Wir haben keine Nudeln.«

Wieder saß meine Oma vor einem leeren Teller. Und wieder fing sie an zu weinen.

Diesen Traum schilderte ich meinen Kollegen. Sie lachten. Fanden es komisch. Irrsinnig komisch. Ich reagierte darauf richtig böse. »Wie könnt ihr darüber lachen, ohne nachzudenken?«, fragte ich sie vorwurfsvoll. Sie wussten überhaupt nicht, wie ihnen geschah. So ernst und so grantig hatten sie mich alle noch nicht erlebt.

Nun versuchte ich zu erklären, was es mit meinem Traum auf sich hatte und welche späten Signale mir mein Unterbewusstsein offenbar geschickt hatte: Eine Schlüsselszene in meinem Leben war der Tod meines Vaters, der sechsundneunzig Jahre alt wurde. Meine Eltern wohnten damals noch am Lietzensee in Berlin-Charlottenburg, waren einundsiebzig Jahre verheiratet! Nach einem Zusammenbruch musste mein Vater ins Krankenhaus. Ich spielte in dieser Zeit erstmals nach der Wende im

Westen Theater, war im »Rosenemil« der jüdische Arzt Dr. Levy.

Ich habe meinen Vater im Krankenhaus besucht. Er lag in einem Bett, das sehr hoch war. In gewisser Weise wirkte mein Vater wie aufgebahrt. Er sah sehr entspannt aus und schlief. Es war eine sonderbare Ruhe in seinem Gesicht. Ich ließ ihn schlafen, war zufrieden und verließ das Zimmer mit dem Gefühl, dass es ihm vielleicht bald besser gehen würde. Also ging ich relativ beruhigt ins Theater, zumal ich wusste, dass mein Sohn Andreas seinem Großvater noch einen Besuch abstatten wollte.

Es war kurz vor Beginn der Vorstellung. Da stand Andreas plötzlich in meiner Garderobe und sagte: »Opa ist gestorben.« In diesem Augenblick ertönte das Klingelzeichen. Ich musste auf die Bühne.

In dem Stück stehe ich in einer Szene an dem Sterbebett einer ehemaligen Hure. Da geht es um einen Menschen, der nicht mehr lange leben wird. Nun hatte meine Rolle für mich eine ganz andere Bedeutung. Die Kollegen wussten, welche Nachricht ich gerade bekommen hatte, und sagten mir später, ich hätte diese Szene noch viel emotionaler gespielt als sie ohnehin schon war.

Bis heute mache ich mir den Vorwurf, dass ich an jenem Tag, als ich meinem Vater im Krankenhaus besucht hatte, nicht länger bei ihm geblieben bin.

Aber ich war gegangen. War nicht für ihn da. Habe nichts für ihn tun können, wie ich auch für meine Großmutter nichts habe tun können, die in meinem Traum so hungrig war und weinte.

Nach dem Tod meines Vaters nahmen wir meine Mutter zu uns. Sie konnte im Laufe der Zeit immer schlechter sehen, aber sie war glücklich, bei uns zu sein. Und doch wurde das Beisammensein nach und nach zur Belastung. Sie litt immer unter Kopfschmerzen und war mehr und mehr verwirrt, machte mitunter Sachen, die uns verzweifeln ließen. Mal hat sie am Gasherd hantiert, dass wir Angst hatten, das Haus würde in Flammen aufgehen, wenn wir sie mal alleine lassen mussten. Dann hat sie so manches Mal den Katzen das Futter weggegessen und konnte sich schon kurz darauf an nichts mehr erinnern.

Bald war allen klar, dass meine Mutter ein Pflegefall geworden war und dass man sich rund um die Uhr um sie kümmern musste. Ein Arzt, der sie untersuchte, wies sie in ein Krankenhaus ein. Das war um die Weihnachtszeit. Und zu den Festtagen durften wir sie zu uns holen.

Die ganze Familie war zusammen. Wie früher. Und doch war alles anders. Wir saßen im Wohnzimmer bei Kaffee und Kuchen, als irgendjemand fragte: »Wo ist eigentlich Oma?«

Sie war in unserem dreistöckigen Haus die Treppe hoch gelaufen. Eine unserer Katzen muss auf der Treppe gesessen haben, sie sprang wohl meiner Mutter entgegen und das musste ihr einen Schreck eingejagt haben – sie trat einen Schritt zurück, verfehlte die Stufe und stürzte nach unten. Verletzt und benommen blieb sie liegen.

Wir brachten sie sofort zurück ins Krankenhaus, wo Ärzte und Schwestern sehr gesellig Weihnachten feierten und auf das Wohl – sicherlich – ihrer Patienten tranken ... Außer ein paar schweren Prellungen und einer Gehirnerschütterung wurden bei meiner Mutter keine weiteren Verletzungen festgestellt. Man behielt sie natürlich in der Klinik, und bald wurde sie in ein anderes Charlottenburger Krankenhaus verlegt. Ich habe sie dort noch zweimal besucht. Bei meinem letzten Besuch nahm sie meine Hand und führte sie an ihren Mund. Ich blieb eine Stunde, dann musste ich weg. Hatte wieder Vorstellung – und danach drei Tage frei.

Das Wetter war schön, Heike und ich beschlossen, in unser Haus nach Ahrenshoop zu fahren, ein bisschen entspannen, raus aus der Stadt und sich vom Ostseewind durchpusten lassen.

Am Tag nach unserer Rückkehr besuchten wir sofort wieder meine Mutter im Krankenhaus. Eine Schwester kam uns entgegen und sagte: »Ach, Herr Köfer, Sie wollen sicher die Sachen Ihrer Mutter abholen.«

»Die Sachen abholen? Wieso denn?«

»Ja, wissen Sie denn nicht? Ihre Mutter ist doch vor drei Tagen gestorben.«

Niemand hatte uns informiert!

Und wieder machte ich mir Vorwürfe: Warum

bist du nach Ahrenshoop gefahren? Hast du nicht gespürt, dass deine Mutter auf dem Sprung zu ihrer letzten Reise steht?

Immer wenn ich an meine Mutter denke, fällt mir das wunderschöne Gedicht von Kurt Tucholsky ein – »Mutterns Hände«:

> *Hast uns Stullen jeschnitten*
> *un Kaffee jekocht*
> *un de Töppe rübajeschohm –*
> *un jewischt und jenäht*
> *un jemacht und jedreht –*
> *alles mit deine Hände ...*
>
> *Hast de Milch zujedeckt,*
> *uns Bonbongs zujesteckt*
> *un Zeitungen ausjetragen –*
> *hast die Hemden jezählt*
> *und Kartoffeln jeschält ...*
> *alles mit deine Hände.*
>
> *Hast uns manches Mal*
> *bei jroßen Schkandal*
> *auch 'n Katzenkopp jejeben.*
> *Hast uns hochjebracht.*
> *Wir wahn Sticker acht,*
> *sechse sind noch am Leben ...*
> *Alles mit deine Hände.*

Heiß warn se un kalt.
Nu sind se alt.
Nu bist du bald am Ende.
Da stehn wa nu hier,
und denn komm wir bei dir
und streicheln deine Hände.

Wie gern hätte ich Mutterns Hände gestreichelt, als es mit ihr zu Ende ging. Aber ich war nicht da. Wie auch bei meinem Vater.

Ich habe den gleichen Fehler zweimal gemacht. Als meine Eltern mich in ihrer letzten Stunde brauchten, stand ich ihnen nicht zur Seite. Diese Schuld ist quälend – bis heute.

Mein schlechtes Gewissen verfolgt mich. Der Traum von meiner hungrigen Großmutter hat mich wachgerüttelt – jetzt kann ich ihn erklären. Aber ich werde ihn nicht mehr los. Nichts wird man los. Alles ist gespeichert. Das ganze Leben wie auf einer Festplatte. Das ist schön. Ist das wirklich schön?

BLUTIGER AUFTRITT

Im Herbst 2017 tourten wir mit der Komödiantenbühne und der Komödie »Ein gesegnetes Alter« von
Curth Flatow durch die Lande. Die erste Staffel
dieser Tour hatten wir im Frühjahr absolviert.

Unter anderem gastierten wir im Oktober im
Schlosstheater Ballenstedt. Und dort geschah es:

Es war kurz vor Vorstellungsbeginn. Ich war in
Gedanken schon in meiner Rolle, und so begab ich
mich – ganz konzentriert auf das Stück – auf den
Weg zur Bühne. Dabei übersah ich eine sehr hohe,
abwärts führende Stufe und stürzte der Länge nach
mit dem Kopf an einen Pfeiler.

»Scheiße!«, entfuhr es mir laut. Ich überprüfte
erst einmal, ob ich mich noch bewegen konnte. Das
funktionierte, aber am Kopf hatte ich eine ziemlich
große, blutende Wunde. Der Krankenwagen wurde
gerufen, und die ausverkaufte Vorstellung fiel natürlich aus.

Die Ärzte im Quedlinburger Krankenhaus waren
fassungslos, was ich für einen Dickschädel besitze.
Die Computertomographie und alle anderen Un-
tersuchungen waren ohne Befund. Es gab am Ende
nur ein großes Pflaster und die Ermahnung, mich
in den nächsten Tagen zu schonen.

Hab ich gemacht. Am darauffolgenden Abend stand ich im Theater Chemnitz wieder auf der Bühne – die Tournee wurde wie geplant zu Ende geführt, und für das Theater in Ballenstedt gab es im Dezember des gleichen Jahres einen Ersatztermin.

Freunde, Kollegen, Erinnerungen

»Mensch, Herbert, ich schreibe ein Lied für euch beide!« Heike und Herbert Köfer mit Dieter Birr

MEINE FILM-EHEFRAU

Die Gleichsetzung der Rolle mit der Person des Schauspielers ist vermutlich so alt wie die Schauspielkunst selbst. Seit es Fernsehserien gibt, hat sich dieses Missverständnis gewiss noch vervielfacht.

Eine meiner langjährigen und liebsten Partnerinnen war Helga Göring, mit der ich sehr sehr oft verheiratet war, weshalb auch das Publikum der Überzeugung war, wir beide seien ein Paar. Als ich zum ersten Mal von wildfremden Menschen in der Bahn angesprochen und von diesen gebeten wurde, meine Frau zu grüßen, und ich erstaunt fragte, woher sie diese denn kennten, stellte sich heraus, dass sie Helga meinten. Auch ihr widerfuhr Ähnliches. Anfänglich haben wir dementiert und erklärt, dass wir beide zwar ein Paar im Rundfunk oder im Fernsehen seien, aber keines im tatsächlichen Leben. Irgendwann unterließen wir jedoch den Widerspruch, dankten artig für die freundlichen Worte und sicherten zu, sie an den »Ehepartner« selbstverständlich weiterreichen zu wollen.

FREUND FELINAU

In frühen Rundfunktagen war ich, wie schon erzählt, Josef Pelz von Felinau begegnet. Der österreichische Schauspieler und Autor war eine Seele von Mensch. Anfang der zwanziger Jahre war er in Berlin gemeinsam mit Kurt Tucholsky und Erich Kästner aufgetreten. 1925 ging sein erstes Hörspiel über den Sender – damit war er der Begründer eines neuen Rundfunkgenres.

Als wir uns kennenlernten, hatte er bereits unzählige Hörspiele geschrieben, ganze Serien über Musiker, Wissenschaftler, Entdecker und Forscher. Berühmt war er mit einem Buch über den Untergang der Titanic geworden. In Felinaus eigener Hörspielfassung und unter seiner Regie nahmen wir es 1950 auf.

Unsere Beziehung rührte nicht nur aus dem Gleichklang der Seelen. Felinau war auch ein Freund des Kartoffelschnapses. Mein Onkel Ernst, ein Bierkutscher, brannte selber welchen und kannte jede Menge Leute, die heimlich destillierten. So trug ich denn in meiner Tasche mit einer gewissen Regelmäßigkeit das Wässerchen zu Freund Felinau, der die Übergabe des Hochprozentigen stets mit dankbar glänzenden Augen quittierte.

Die Zeitläufe führten dazu, dass sich unsere Wege trennten, außerdem kriegte man inzwischen an jedem Kiosk den Klaren und war nicht auf Privatlieferungen angewiesen. Trotzdem verloren wir uns nie aus den Augen. Als die DEFA Mitte der sechziger Jahre Falladas »Wolf unter Wölfen« verfilmte, meldete sich Felinau vom Steubenplatz in Westberlin. »Lieber, guter Kollege Köfer, bitte lassen Sie mich Ihnen sagen, wie großartig Sie uns (und ganz besonders mir!) in Ihrer letzten Rolle als Gutsverwalter von Studtmann gefallen haben!«

»Wolf unter Wölfen« war zwar schon einige Jahre alt, als mir Felinau schrieb, doch er hatte den Film erst jetzt im ZDF gesehen, was seine späte Reaktion erklärte. ARD und ZDF boykottierten aus politischen Gründen Film- und Fernsehproduktionen aus der DDR. Selbst Literaturverfilmungen, von denen es einige hervorragende gab, wurden ignoriert. Die Anstalt in Mainz sprang jedoch überraschend 1968 über ihren ideologischen Schatten und sendete den Vierteiler »Wolf unter Wölfen« mit Wolfgang Langhoff und mir, Rittmeister von Studtmann. Felinau glaubte in der von mir gespielten »noblen Gelassenheit« einen Charakter- und Wesenszug von mir wiedererkannt zu haben. Und weil ich genau wusste, dass Felinau kein Schmeichler war, fühlte ich mich geschmeichelt.

EINE SEEFAHRT,
DIE IST LUSTIG ...

Als Wassermann bin ich selbstverständlich eng mit der See und auch mit der Schifffahrt verbunden. Als ich noch am Zeuthener See wohnte, hatte ich auch ein kleines Motorboot, was aus heutiger ökologischer Sicht als sehr verwerflich zu bewerten ist.

Zu der Zeit machte ich des Öfteren mit Freunden und Kollegen im Sommer kleinere Rundfahrten mit dem Boot. Eine Fahrt ist mir besonders in Erinnerung geblieben:

Mein lieber Freund und Kollege Michael Degen, mit dem ich in der ARD-Fernsehserie »Auto-Fritze« lange Zeit zusammengearbeitet hatte, besuchte mich und wollte unbedingt eine kleine Bootstour unternehmen. Gesagt, getan. Wir schipperten also los. Ich am Steuer und Michael machte es sich auf der Rückbank bequem. Wir waren schon eine ganze Weile unterwegs, als der Motor anfing zu stottern ... blub, blub, blub ... aus. Ich versuchte mit aller Macht, das Boot wieder zu starten, aber nichts ging mehr. Die Besatzung einer gemächlich an uns vorbeiziehenden Yacht – es handelte sich dabei um ein freundliches Ehepaar – bemerkte uns und meine vergeblichen Startversuche.

»Herr Köfer, können wir irgendwie helfen?«

Ich erklärte unsere Misere, und im Nu hingen wir im Schlepptau der Yacht und wurden bis zum Steg meines Grundstückes zurückgebracht. Michael und ich stiegen erleichtert aus dem Boot und bedankten uns aufs Herzlichste bei unseren »Rettern«.

Es ließ mir allerdings keine Ruhe, weshalb mein Boot den Geist aufgegeben haben sollte. Ich startete noch einmal ... und siehe da, der Motor lief wie geschmiert. Das konnte doch nicht wahr sein! Was war denn bloß während unserer Fahrt auf dem See passiert? Um es kurz zu machen: Wie eingangs erwähnt, machte es sich Michael auf der Rückbank bequem. Dabei hatte er den Benzinschlauch abgequetscht – und ohne Benzin fährt auch das beste Motorboot nicht.

Aber ich war auch einige Male auf hoher See unterwegs.

Am ersten Morgen einer Seereise geriet das Schiff in einen schweren Sturm, der schlimmer und schlimmer wurde. Zur Mittagszeit betraten 24 Passagiere, darunter auch ich, den Speisesaal. Der Kapitän wandte sich uns mit einem Lächeln zu und erhob sein Glas zum Toast: »Ich hoffe, dass alle 24 von Ihnen eine angenehme Fahrt haben werden.«

Die Suppe wurde serviert, und er fuhr fort: »Ich hoffe sehr, dass sich unsere Gruppe von 23 an dieser Seereise erfreuen wird ... Wenn ich in die 20 strahlenden Gesichter blicke, für deren Sicherheit ich verantwortlich bin, muss ich sagen ...« Das Dinner wurde serviert. »Und nun bitte ich alle 15 von Ihnen, mit mir auf eine frohe Seefahrt zu trinken und die Gläser zu erheben ... Ich glaube tatsächlich, dass wir 8 einen solch unbedeutenden Wellengang noch nicht erlebt haben ... Und ich zolle diesen 3 wirklichen Helden meinen uneingeschränkten Beifall ... Sie und ich, lieber Herr Köfer, sind ... Steward, tragen Sie bitte all diese Platten weg und bringen mir den nächsten Gang!«

WIE ICH FAST EINEN GUTEN FREUND VERLOR

Meine Eltern lebten in Berlin-Charlottenburg und gelegentlich besuchte ich sie. Als ich anno 1986 ein gewisses Alter erreicht hatte, musste ich die Behörden nicht einmal mehr darum bitten. Ich nahm mir das gleiche Recht, wie jeder Rentner in der DDR. Und wie jeder Reisende brachte auch ich den Daheimgebliebenen kleine Aufmerksamkeiten mit oder versorgte mich mit Fachliteratur. Einmal kaufte ich in einem Bahnhofsbuchladen ein Bändchen »Gute-Nacht-Geschichten«, dessen Cover ein Foto von Dustin Hoffman zierte. Das, so schien mir, konnte ich vielleicht für meine Fernsehsendung »Treffpunkt Kino« gebrauchen.

Am Grenzübergang fragten mich unsere Zöllner, wie üblich, ob ich Druckerzeugnisse mit mir führe.

»Ja«, sagte ich wahrheitsgemäß und kramte das Buch hervor.

Der Uniformierte blätterte neugierig darin herum, dann stieß er den neben ihm stehenden Kollegen in die Seite. Auch der versenkte seine Nase ins Buch. Dann erklärten sie unisono: »Nee, Herr Köfer, bei aller Liebe, das geht nicht!«

Das war doch lächerlich. Ich verlangte, ihren Vorgesetzten zu sprechen. Der kam. Ich spielte nicht den Empörten, ich war es.

»Hören Sie, ich brauche das Buch für meine Sendung, und die ist morgen!«

Der Chef gab sich ungerührt: »Das Buch ist beschlagnahmt!«

Ich wurde etwas lauter: »Dann werde ich mich über Sie beschweren, und die Sendung fällt mit dem Hinweis aus, dass der Zoll mein Arbeitsmaterial konfisziert hat!«

Ich wurde richtig keck, was offenkundig Eindruck machte. Die drei steckten die Köpfe zusammen und berieten. Es fielen Sätze wie: Vielleicht ist das kritisch gemeint, gesellschaftskritisch …

»Geben Sie es ihm zurück, Genosse. Wir haben einfach nichts gesehen.«

Ohne einen Blick in das Buch getan zu haben, legte ich es zu Hause ins Bücherregal und vergaß es – jahrelang.

Irgendwann – ich arbeitete mit Gerd E. Schäfer gerade an einem Schwank – fragte dieser mich, ob ich zufällig Material über Schauspieler in den USA besäße. Die Tochter seiner Nachbarin sollte zu diesem Thema in der Schule einen Vortrag halten. Zufällig hätte ich da was, antwortete ich nach einigem Nachdenken, denn ich erinnerte mich des Buches mit dem Foto von Dustin Hoffman, das noch immer ungelesen in meinem Regal stand. Ich gab es ihm am nächsten Tag.

Nach ein paar Tagen reichte er es mir sichtlich verärgert zurück: »Sag mal, du Knallkopp, du hast sie wohl nicht alle!«

Ich schaute ihn entgeistert an.

»Meine Nachbarin hat mir das Buch vor die Füße geworfen. Sie Ferkel, hat sie gerufen, wie können Sie meiner Tochter einen solchen Schund geben. Das wird ein Nachspiel haben!«

Ich verstand nur Bahnhof. Ich griff das für mich »unschuldige« Buch und las. Schon nach wenigen Zeilen stieg mir die Schamesröte ins Gesicht ... Ach du heiliger Strohsack, das war ja ein Porno! Hoffmans Konterfei war einzig deshalb auf den Titel geraten, weil der lendenstarke Held darin zufällig Dustin hieß. Ich war sprachlos ob dieser Mogelpackung und erwog, ob ich nicht freiwillig die Schwarte zu unseren Zöllnern zurücktragen und bei ihnen Abbitte leisten sollte.

Aber: »Sie hatten ja einfach nichts gesehen.«

CURT BOIS

Curt Bois war 1950 aus den USA ans Deutsche Theater zurückgekehrt, wo er bereits in den zwanziger
Jahren unter Max Reinhardt gearbeitet hatte. 1933
war er emigriert. Er landete in Hollywood und spielte
dort in einem halben Hundert Filme, immer jedoch
nur in Nebenrollen. Übrigens auch in »Casablanca«,
als Taschendieb in der Eingangsszene. Nun war er
also wieder da, und man konnte ihn nur mögen. Wir
schauten uns in die Augen und wussten beide: Es ist
der Beginn einer wunderbaren Freundschaft.

Curt Bois wollte oder sollte Regie führen in einem Berliner Volksstück um Adolf Glaßbrenner.
»Ein Polterabend« war seine erste Regiearbeit. Er
bat mich in sein Büro, eröffnete mir, ich solle einen
Fotografen spielen, eine kleine Rolle zwar, aber er
wolle einmal sehen, wie ich mit dem Apparat auf
einem Stativ umgehe.

Dann begannen die Proben. Nach der ersten
nahm er mich beiseite und meinte, ich mache das
grandios. Er gäbe mir darum eine andere Rolle,
wo ich mehr zu sprechen hätte als in dieser. Bois
machte mich zum Rittmeister von Blötzow. Der
hatte zwar erst einmal auch nichts zu sagen, weil
der General, dessen Adjutant der Rittmeister war,

ihm jedes Mal in die Parade fuhr, sobald er zu sprechen anhob. Doch am Ende des 2. Aktes kam er zu Wort – und das war der Brüller des Abends: Blötzow lispelte, dass die Kronen von den Zähnen sprangen.

Der Bühnenerfolg verführte Curt Bois dazu, das Stück zu überarbeiten und auf die Leinwand zu bringen. Doch als Drehbuchautor und Regisseur beging er den Fehler, meine Neben- zu einer Hauptrolle auszubauen. Blötzows Sprachfehler funktionierte nicht als Running Gag. Es setzte, zu Recht, bald eine gewisse Ermüdung bei den Kinobesuchern ein. Trotz hochrangiger Besetzung – Rolf Moebius spielte den Glaßbrenner, Willy A. Kleinau war dabei, und Werner Peters, der unlängst als »Untertan« brilliert hatte, sächselte sich als Gefreiter Pippich durch die mitunter saukomischen Szenen – floppte 1955 der DEFA-Film an den Kassen. Da jedoch war Curt bereits in den Westteil der Stadt übergesiedelt.

Wir trafen uns später gelegentlich auf der Pferdebahn in Hoppegarten, wo man für ihn stets einen Platz reservierte. Nach der Wende traf ich ihn dort wieder. Er erkannte mich sofort. »Hey, Köfer, wie geht's dir?«, rief er schon von Weitem. »Lange nicht gesehen.« Und als der Neunzigjährige, dieser kleine Mensch und riesige Theatermann, vor mir stand und mich durch die Brille anstrahlte, schien ihm das Herz überzugehen. »Herbert, ich habe«, begann er loszusprudeln – und brach ab.

»Herbert, gestern habe ich …« Er grübelte.

»Gestern habe ich …« Pause.

»Gestern …« Pause.

»Äh …« Pause. »Jetzt bräuchte ich einen Souffleur.«

Bei meinem nächsten Besuch war seine Loge in Hoppegarten leer. Curt Bois war am 25. Dezember 1991 verstorben.

MARIANNE KIEFER

Unter meinen Kolleginnen und Kollegen gab und gibt es einige, die mir besonders nahestanden. Da war zum Beispiel Marianne Kiefer, mit der ich unter anderem in »Maxe Baumann« vor der Kamera stand. Marianne, die gebürtige Dresdnerin und bekennende Berlinerin, war eine begnadete Komödiantin, die mit ihren Pointen auch so manches Mal uns alte Hasen verblüffte.

Sie gehörte zum Schauspielerensemble des DDR-Fernsehens, das bekanntlich nach der Wende abgewickelt wurde. Als Alfred Biolek, damals die Nummer Eins unter den Talkmastern, Marianne in seine Sendung holte und sie bat, zu erzählen, was sie im Augenblick beruflich alles mache, war ihre Antwort kurz und knapp: »Nischt!« Dass jemand so ehrlich vor der Kamera war, verschlug

Biolek fast die Sprache. Aber dieses »Nischt« hatte Folgen, sie erhielt das Angebot, die NDR-Show »Freut Euch des Nordens« zu moderieren. Auch eine Fernsehproduktion mit Karl Dall bot man ihr an. Vor diesem Manne hatte sie, wie sie mir sagte, »Bammel«. Und um ihm den Wind aus den Segeln zu nehmen, ging sie gleich zum Angriff über. »Mein lieber Karl, bevor wir anfangen: Damit du weeßt, wo et langgeht – ick liebe det Leben. Aber wenn ick ne Pistole hätte, dann hätt' ick ooch nen eignen Friedhof.« Karl Dall holte tief Luft, ihm fiel, vielleicht zum ersten Mal, nichts dazu ein.

2005 tourten wir gemeinsam mit »Köfers Komödiantenbühne« mit dem Lustspiel »Du bist nur 2x jung« durch die neuen Bundesländer. Eines Tages kam sie mit einem Gedicht. »Ick gloobe, det ist für dich«, sagte sie. »Soll ich es dir mal vortragen?« Und dann las sie »Was nötig wäre«.

Ein bisschen mehr Friede und weniger Streit,
ein bisschen mehr Güte und weniger Neid,
ein bisschen mehr Liebe und weniger Hass,
ein bisschen mehr Wahrheit, das wäre doch was!

Statt so viel Hast ein bisschen mehr Ruh,
statt immer nur ICH, ein wenig mehr DU,
statt Angst und Hemmungen ein bisschen Mut
und Kraft zum Handeln, das wäre gut!

Kein Trübsinn und Dunkel, mehr Freude und Licht,
kein quälend Verlangen, ein froher Verzicht;
und viele mehr Blumen, solange es geht,
nicht erst auf Gräbern, da blühn sie zu spät!

Im Januar 2008 gaben wir ihr das letzte Geleit. Ich hielt die Trauerrede. Marianne wollte kein Pathos, wir haben uns heiter von ihr verabschiedet.

Denke ich an meine herzensgute Freundin, stelle ich mir vor, wie sie mit ihren Pointen jetzt im Schauspielerhimmel die Kollegen an die Wand spielt.

URSULA KARUSSEIT

Wir hatten in den Sechzigern gemeinsam in »Rose Bernd« vor der Kamera gestanden, kannten und mochten uns und schätzten die Arbeit des anderen. Allzuoft kreuzten sich unsere Arbeitswege nicht. Bis wir uns bei einer Berliner Jedermann-Inszenierung wiederbegegneten. Ich freute mich, als ich Usch dann für eine Regiearbeit an »Köfers Komödiantenbühne« gewinnen konnte. Wir verspürten nicht nur kollegiale Verbundenheit, es war, als hätten wir eine Freundschaft nur längere Zeit nicht gepflegt, die wir nun wieder beleben konnten. Wir trafen uns auch privat, so oft es möglich war. Uschs Herzlichkeit, ihr trockener Humor, ihre tiefe Ernsthaftigkeit dem Leben wie der Kunst gegenüber machten mir diese Begegnungen kostbar und wertvoll.

Wir verbrachten auch so manches Jahr die Weihnachtsfeiertage gemeinsam im Hotel Neptun, und Usch und ihr Mann Johannes reisten mit ihrem Wohnmobil an, das sie so liebte, weil es ihr das Stück Freiheit und Spontanität erlaubte, das im engen Terminplan eines Schauspielers oft verloren geht. Bei irgendeiner Verabschiedung gingen wir mit der Floskel »bis bald« auseinander und meinten damit die Gala zur Verleihung der Goldenen Henne 2002.

Als ich meinen Platz im Saal aufsuchte, sah ich Usch am Rande etwa in Reihe 5 sitzen, nicht gerade einer der besten Plätze, dachte ich noch. Dann nahm die Veranstaltung ihren Lauf. Die Henne fürs Lebenswerk wurde aufgerufen, die Nominierten benannt, der Preisträger – Herbert Köfer. Überraschung, Freude, Rührung, dieser Publikumspreis ist eine wahrhaft kostbare Auszeichnung. Usch hielt die Laudatio.

Alles ein abgekartetes Spiel, mag mancher Zuschauer denken, und keine Kunst, überrascht zu tun, die sind ja schließlich Schauspieler.

O nein, man wird eingeladen, muss sein Erscheinen zusagen, wird sogar aufgefordert, sich schick und angemessen zu kleiden, so weit, so gut. Aber eingeladen werde ich jedes Jahr. Selbstverständlich trommelt der Buschfunk, doch mehr als Gerüchte hat er nicht zu vermelden, schlecht beraten, wer darauf etwas gibt.

Als Usch im Februar 2019 starb, erschütterte mich die Nachricht tief. Gerade hatten wir noch miteinander telefoniert und uns für die darauffolgende Woche verabredet ...

Mein Verlag, in dem auch Ursulas Buch erscheinen sollte, fragte mich, ob ich die vereinbarten Lesungstermine übernehmen könne. Ich zögerte. Dabei war die Überlegung, ob es nicht seltsam beim Publikum ankäme, wenn ein Mann diese Texte las, noch das kleinste Problem. Mit Professionalität ist das wettzumachen. Aber ob Professionalität auch helfen würde, meinen Schmerz und meine Trauer um die Freundin nicht jedes Mal wieder auf ein schwer zu ertragendes Maß zu treiben?

Ich habe zugesagt, und ich habe bei den vielen Lesungen, die ich inzwischen gemacht habe, den Trost erfahren, dass Usch im Herzen ihres Publikums weiterlebt.

GEBURTSTAGSGESCHENKE

Was man im Laufe eines langen Lebens alles an Geburtstagsgeschenken erhält, das geht auf keine Kuhhaut!

Einmal schenkten mir meine Kollegen einen Porzellanteller mit blauen Meereswogen und darüberschwebenden Möwen. Nun, so etwas ist Geschmackssache. Der Teller war offensichtlich in einem Souvenirladen an der Küste erworben worden, es schmückte ihn nämlich ein Schriftzug mit der Losung unserer alljährlichen Ostseewoche: »Die Ostsee ist ein Meer des Friedens«.

»Umdrehen, umdrehen!«, riefen die Gratulanten.

Ich wendete den Teller und las »... und Herbert ist eine Quelle der Heiterkeit.«

Der Teller fand einen Ehrenplatz in einer Vitrine, auch wenn mir die Frage, ob er nun mit der Vorder- oder der Rückseite präsentiert werden sollte, einiges Kopfzerbrechen bereitete.

Ohne weiter nachzudenken nahm ich ein Geschenk an, das man mir zum Sechzigsten machte.

Und das kam so: Frank Schöbel erschien gemeinsam mit Rolf Herricht zum Gratulieren. Ihre Glückwünsche hatten allerdings einen Pferdefuß.

Seit Jahren spielte ich einen Sketch, den Jochen Petersdorf geschrieben hatte. Darin gab ich einen Mann, der von einem zweiten zu einem Schnaps eingeladen wurde, aber dankend ablehnt. Zur Begründung verwies ich auf Boddelmeier, der mir das kollektive Trinken abgewöhnt habe. Der würde nämlich – ich griff zur Flasche und füllte das Glas bis zum Rand – sich das Glas bis zum Rand füllen, anschließend daran riechen, das Zeug dann kippen und so merkwürdige Geräusche von sich geben. Was ich dann demonstrierte. Darauf machte mein Partner das nach, trank und quiekte, worauf ich widersprach: Nein, so nicht, und wieder von vorn begann. Das wiederholte sich ein paarmal, wobei wir zunehmend lustiger wurden und uns ständig mit anderen Namen anreden: Nein, Heinz Florian, so nicht ...

Das war in jeder Show der absolute Brüller.

Nachdem Schöbel und Herricht ihre Honneurs gemacht hatten, fragte Frank, ob ich damit einverstanden sei, wenn Rolf als Gast auf seiner Tournee diesen Sketch mit ihm spielte. Nein, sagte ich, das Stück sei mir nicht nur ans Herz gewachsen, es werde inzwischen auch mit mir identifiziert: Ich würde schon als »Boddelmeier« auf der Straße begrüßt werden.

Gut, meinten beide, dann eben nicht, war ja nur ne Frage. Ich sah sie in einer Ecke diskutieren, dann standen sie wieder vor mir. »So«, baute Rolf sich auf und griente, »ich hatte vorhin vergessen, dir dein Geschenk zu übergeben: Ich schenke dir die Tournee mit Frank! Du spielst an meiner Stelle mit ihm die Vorstellungen, spiel deinen Boddelmeier selbst!«

»Wie, was«, sagte ich, da ich nur Bahnhof verstand.

»Na«, sagte Frank, »ich lade dich ein, mit mir in meinem Programm diesen Sketch zu spielen.«

So ein Angebot kann man nicht ablehnen. So schön es war, so groß war aber auch die Belastung, als ich mit Frank durchs Land tourte und mit ihm wohl über hundert Mal auf der Bühne stand und den Sketch spielte.

Fünunddreißig Jahre später machte mir Frank wieder ein ganz besonderes Geburtstagsgeschenk. Er schrieb die Musik und Puhdys-Texter Burkhard Lasch den Text für das Lied »Was wäre, wenn?«

»Es ist ein rockiger Song«, sagte Frank. Und: »Die Produktion ist mein Geschenk für einen wahren Freund.« Er brachte mir die CD in die Stadthalle Bernau mit, wo unsere Komödiantenbühne »Rentner haben niemals Zeit« aufführte und anschließend gemeinsam mit unseren Zuschauern bei Freibier und Schmalzstullen feierte.

Ich habe dieses Lied an diesem Tag, meinem 95. Geburtstag, gesungen.

EIN GESCHENK MIT FOLGEN

Mit einem Lied überraschte mich auch meine Frau zu meinem 80. Geburtstag, der im Berliner Hansa Theater mit vielen Freunden und Kollegen begangen wurde. Der Titel: »Wie schön, mit Dir zu leben.« Sie müssen wissen, Heike ist ausgebildete Sängerin, aber sie hatte jahrelang nicht mehr auf der Bühne gestanden. Mir schoss durch den Kopf: O je, wenn das mal gutgeht. Aber es gilt ja auch: gelernt ist gelernt. Kurz: Heikes Auftritt war ein voller Erfolg – bei mir nicht weniger als bei den 400 Gästen, die ihre Darbietung bejubelten.

Das Ganze hatte Folgen. Anwesend war nämlich auch Dieter »Maschine« Birr. »Mensch, Herbert, ich schreibe ein Lied für euch beide.« Dieter ist kein Mann leerer Versprechungen, steckt immer voller Ideen, und außerdem sitzt ihm der Schalk im Nacken. So wurde es ein lustiges Duett zwischen einer Frau, die ihren Mann freundlich und musikalisch so temperamentvoll wie melodisch daran erinnert, dass heute ein besonderer Tag ist, der Hochzeitstag natürlich, bei dem wir Männer angeblich dazu neigen, ihn zu vergessen. Und tatsächlich fällt der Groschen bei »Herbie« nicht, er rätselt sich in etlichen »gerappten« Strophen durch alle nur vorstellbaren

Feiertage. »Ach Herbie, Herbie«, lautet die nachsichtig-verständnisvolle Erwiderung im Refrain.

Achim Mentzel gefiel das Lied so gut, dass er uns in seine Fernsehsendung »Achims Hitparade« einlud.

Bleibt nachzutragen: Noch nie habe ich versäumt, Heike mit einer kleinen Aufmerksamkeit zu unserem Hochzeitstag zu überraschen.

Eines muss ich an dieser Stelle anmerken: Ich habe ja während meiner langen Berufslaufbahn einige Musiktitel interpretiert, nicht zuletzt wurde auch eine CD mit Günter Pfitzmann und mir produziert. »Mit Herz und Schnauze« lautet der Titel, und wir präsentierten einige Duette und auch Solotitel. Alle Titel wurden für uns von Michael Hansen und Michael Niekammer geschrieben. Aber ich war noch nie in einem Musikvideo zu sehen. Bis jetzt ... Trotz aller Gegensätze verbindet mich mit Julian F. M. Stoeckel eine herzliche Freundschaft. Wie schrieb eine Zeitung: *Laut, schrill und bunt: Entertainer, Designer und Ex-Dschungelcamper Julian F. M. Stoeckel (32) ist alles, nur nicht unauffällig! Im krassen Gegensatz dazu steht Schauspiellegende Herbert Köfer (98).*

Und weil Freunde sich unterstützen, habe ich nicht lange überlegt, als er mich fragte, ob ich in seinem Video auftreten würde. Er hat den Zarah-Leander-Klassiker »Wodka für die Königin« neu aufgelegt und wollte dazu ein ganz besonderes Video produzieren, was ihm auch absolut gelungen ist.

Dieser Videodreh hat mir richtig Spaß gemacht. Meine wunderbare Schauspielkollegin Dagmar Biener, die ebenfalls in dem Video zu sehen ist, und ich haben uns dabei sehr wohlgefühlt und es war ein lustiger Nachmittag. Im Übrigen ist Julian ein sehr engagierter Künstler, und es würde unserem Land sehr gut zu Gesicht stehen, bunter, schriller und vor allem toleranter zu sein.

DER TAUSENDSASSA

Mit Wolfgang Lippert verbindet mich seit langem eine Freundschaft. Unsere erste Begegnung: ein junger Mann saß während irgendeiner Probe in der ersten Reihe und las in einem Buch. Nicht unbedingt der passende Ort für die Lektüre, meinte ich. »Musst du unbedingt lesen«, sagte er, »köstlich!« So lernte ich die Geschichten des begnadeten Humoristen Ephraim Kishon kennen – und auch Wolfgang Lippert.

1992 ging Gottschalk, und Lippi übernahm Europas größte TV-Unterhaltungsshow »Wetten dass ...?«. Nach neun Sendungen war Schluss. Nach meiner Überzeugung verabschiedete sich das ZDF damit von einem echten Tausendsassa der Unterhaltungskunst, der dem Sender gut zu Gesicht gestanden hätte.

Zur letzten Sendung fuhren wir nach Rostock. Er hatte uns Karten für die erste Reihe besorgt. Ich verstand diese Platzwahl durchaus als augenzwinkernde Anspielung auf unsere erste Begegnung. So ist Lippi ...

Es ging nicht gut weiter mit seiner Karriere. Er hat das selbst erzählt, auch in einem Buch. Ich springe ins Jahr 2001. Brigitte Grothum hatte mich in ihrer Inszenierung der Komödie »Eine total verrückte Entführung« am Hansa Theater besetzt, die Umstände brachten es mit sich, dass eine Zweitbesetzung erforderlich wurde. Ich schlug Wolfgang Lippert vor, Brigitte ließ sich auf das Wagnis ein. Denn ein Wagnis war es. Keine Zweifel, dass er als Show-Mann mit allen Wasser gewaschen war, als Schauspieler aber hatte er sich noch keinerlei Lorbeer verdient. Es wurde ein Riesenerfolg!

Intensiver wurde unsere Zusammenarbeit dann, als ich ihn zu Inszenierungen an »Köfers Komödiantenbühne« holte.

In erwähntem Buch schrieb er über mich: »Du, Urgestein des Fernsehens, großer Theatermann, hast mir die Hand gereicht in einem Moment, da sonst niemand mehr so recht an mich zu glauben schien. Und hast mir damit noch ein weiteres Geschenk gemacht, indem du eine weitere Facette meiner selbst zur Entwicklung brachtest: die Schauspielerei. Mit der richtigen Mischung aus Fordern und Fördern hast du mich in die Tricks und Tücken der Bühne eingeführt ...« Ich las es mit Rührung, in unserem Metier sind solche Worte des Dankes selten.

Und noch eine Leidenschaft teilen wir: die Liebe zur Ostsee. Lippi ist inzwischen nach Ralswiek gezogen, das bekanntlich die größte Freilichtbühne Europas beherbergt. Auf der spielt und singt er zu den alljährlichen Störtebeker-Festspielen.

ROLLENTRÄUME

Wenn Journalisten Schauspieler interviewen und die gewünschten Auskünfte über das aktuelle Film- oder Theaterprojekt sowie das Leben im Allgemeinen und Besonderen erhalten haben, stellen sie oft die Frage: »Welche Rolle würden Sie gern spielen?« Je älter der Schauspieler ist, desto häufiger wird danach gefragt. Irgendwann schiebt sich eine Relativierung ein, dann heißt es: »Welche Rolle würden Sie gern NOCH spielen?« Oder auch so: »Welche Rolle haben Sie in Ihrer Laufbahn verpasst?«

Auch mir wurde diese Frage wiederholt gestellt. Den Hauptmann von Köpenick, antwortete ich wahrheitsgemäß. Diese wunderbare, tragikomische Figur reizte mich sehr. Doch es hat nicht sollen sein!

Werde ich heute nach Wunsch- oder verpasster Rolle gefragt, sage ich: Gespielt habe ich den Hauptmann nicht, ich habe ihn getanzt.

Das war im »Kessel Buntes« in einer wunderbaren Choreografie gemeinsam mit dem Fernsehballett und kam beim Publikum bestens an. Auch im schon erwähnten Musikantenstadl 1989 trat ich als Hauptmann auf, begleitet vom Blasmusik-Orchester Schwarze Pumpe, das heute Orchester Lausitzer Braunkohle heißt, ein Name, der sicher bald Anstoß erregen wird.

Aber zurück zum Hauptmann, an dem die Zeiten auch nicht spurlos vorbeigegangen sind, sodass er einmal Folgendes zu berichten hatte:

»Dieser Tage habe ich ein Einschreiben gekriegt von einer ganz offiziellen Behörde. Dem Bezirksamt Berlin, Abteilung Seniorenbetreuung. Sie hätten aus ihren Unterlagen erfahren, dass mein jüngster Sohn 104 Jahre ist und ob es nicht langsam auch meine Überlegungen wären, in ein Seniorenheim überzusiedeln. Denn den nächsten Verwandten wird es auch zu schwer, mich zu befuddeln. Kurz, Sie haben mich in ein Seniorenheim zum Tag der offenen Türe eingeladen.

Na, ich mir meine Paradeuniform angewandet und hin zur Arche Noah.

Vor der Tür hat eine Mandolinengruppe gezulpt, die hatten aber schwer zu tun, dass sie zusammen fertig wurden. Eine Begrüßungsgirlande war aufgehängt. Die Dame, die mir sehr süffisant entgegenwalzte, war in den Farben der Girlande bekleidet. Und hatte ihre üppige Natur in ein forsches Dirndl gezwängt. Aber ich schweife ab. Nun hab ich diese stattliche Erscheinung dank meiner guten Erziehung mit Handkuss begrüßt, und schon ist mir die Walküre die ganze Zeit nicht mehr von der Pelle gerückt.

Wie sich herausstellte, war das die Oberbescheidwisserin von dem Ganzen. Wie ich später von den Insassen erfahren habe, liebevoll die dicke Berta genannt. Mir gegenüber trat sie als perfekte Mutter Teresa auf und hat mich überall herumgeführt und mir auch das Herzstück des Hauses, den Klubraum, gezeigt. Wo gerade Riesenbetrieb herrschte.

Der Fernseher lief auf volle Pulle – zu sehen war ein Schwank mit Herbert Köfer, und ansonsten saßen die aktiven Seniorinnen knietief in Wolle und häkelten Topplappen mit sehr apartem Elchmuster. Am einzigen Klöppelsack standen sie an, weil jeder nur zehn Minuten fuschpern durfte. Die Männer haben in einer Ecke Fotos von Verona Pooth aus einem Kalender ausgeschnitten und aus Lehm Dolly Busters Busen gebastelt.

Nachmittags gab es ein Kulturprogramm im Festsaal. Die Leitung des Ruhesitzes hat dabei keine Kosten und Mühe gescheut. Musikalisch umrahmt wurde das Programm von dem eingangs erwähnten Mandolinenorchester. Als kultureller Höhepunkt wurde noch olle Jopi Heesters mit der Sackkarre auf die Bühne gefahren. Vielleicht ein bisschen zu spät für den einen oder anderen, weil die ersten drei Reihen schon ihr Verdauungsschläfchen eingezogen hatten. Nicht so meine Gastgeberin. Alle Lieder von olle Jopi hat sie in voller Länge mitgesungen. Und nach zwei Gläsern Hagebuttenbowle kurz entschlossen zur Damenwahl aufgerufen. Na Leute, nun war ich ja Mode. Die hat mich rumgeschwenkt, dass ich bei ›Schwarz-braun ist die Haselnuss‹ tatsächlich Nasenbluten gekriegt habe. Aber keine Bange, ich hab die Kiste mit Würde über die Bühne gebracht.

Aber eines ist gewiss: Die nächsten hundert Jahre werd ich mich noch alleine behelfen. In so einem Ruhesitz gehste ja kaputt.

Bis bald mal wieder!

Euer Hauptmann von Köpenick«

REKORDE

1995 nahm ich erstmals an einem Trabrennen der Prominenten in Berlin-Karlshorst teil. Rennen dieser Art gab es bereits zu DDR-Zeiten. Der Chefredakteur der veranstaltenden Programmillustrierten »FF Dabei« lud mich auch jedes Jahr dazu ein, doch die Staatliche Versicherung war um mein Wohl besorgt und ließ mich nicht in den Sulky steigen. Das sei zu gefährlich, hieß es.

Nun, gefährlich war allenfalls die Konkurrenz in Gestalt von Hans-Joachim Wolfram, einer der bekanntesten Fernsehmoderatoren hierzulande und in allen Sätteln zu Hause. Es gab kaum ein Promi-Rennen, das er nicht gewann. Als Neuling gab er mir Tipps vorm Start, wie ich wann was machen sollte. »Mein Pferd ist schneller als deines, Herbert«, sagte er. »Du musst mich gleich nach dem Start vorbeilassen.« Ich wandte die Ratschläge beherzt an, vor allem in der Phase, als ich ziemlich gut im Rennen lag – was am Ende dazu führte, dass Wolfram noch gewann.

Nachdem ich zum vierten Male gestartet war und bereits auf die Achtzig zuging, meinte jemand, man solle mal prüfen, ob es noch einen älteren Traber als mich gäbe. Und siehe da: Alle, die weltweit im Sulky saßen und um Ruhm und Lorbeer trabten, waren jünger als ich. Mithin, ich kam als der älteste, prominente, noch aktive Trabrennfahrer zu einem Eintrag ins Guinnessbuch der Rekorde. Als 2007 eine Vorschrift erging, dass über Siebzigjährige keine Rennen mehr fahren dürfen, empfand ich das zwar als einen Akt von Altersdiskriminierung, aber die Tatsache, dass mein Rekord damit uneinholbar wurde, hatte durchaus eine angenehme Seite.

Zehn Jahre später, im September 2017, ging es dann um die Bühne und die Schauspielkunst: Anlässlich meines 77-jährigen Bühnenjubiläums fand das deutsche Rekordinstitut heraus und hielt es schwarz auf weiß fest, dass ich der »älteste aktive Schauspieler der Welt« bin.

Pläne schmieden! Mit dem Beelitzer Bürgermeister Bernhard Knuth auf der Bühne im Großen Saal des »Deutschen Hauses«

SCHLUSSWORTE

Ich habe mich in diesem Buch schon mehrfach auf glückliche Zufälle berufen, die mein Leben begleiteten. Ein Zufall ist es auch, dass es nur weniger Fahrminuten von unserem Grundstück bis zu einem Haus in der Altstadt von Beelitz bedarf, das ich schon lange kenne. In den Sechzigern hatte die DEFA im »Deutschen Haus« von Beelitz ein Atelier eingerichtet und hier wie auch in der Umgebung mehrere Filme gedreht. Seinerzeit konnte man diese Filme auch in der Spargelstadt sehen, keine 500 Meter waren es bis zum Kino »Venus Lichtspiele«. Spargel war rar, aber Kino gab es!

Das »Deutsche Haus« erstrahlt seit Februar 2019 in neuem Glanz. Als mir mein lieber Freund, der Bürgermeister der Stadt Beelitz, Bernhard Knuth, das Innere des noch nicht ganz fertiggestellten Hauses zeigte, konnte ich meine Begeisterung nicht zurückhalten. Was ist aus dieser ehemaligen Ruine, in der wir beide vor noch gar nicht allzu langer Zeit standen und Pläne für die Zukunft des Hauses schmiedeten, nur geworden! In einer Zeit, in der in Berlin zwei der ältesten und wichtigsten Bühnen der Stadt – die Kurfürstendamm Theater – der Abrissbirne zum Opfer fielen, ist dieses wunderschöne

Haus entstanden. Auf der Bühne des Großen Saales fanden inzwischen zahlreiche Veranstaltungen statt. Gleich nach Eröffnung, bei der ich neben dem Bürgermeister die Eröffnungsrede halten durfte, gastierte ich dort mit Curth Flatows Stück »Ein gesegnetes Alter«. Ein Lokalreporter schrieb, dass er die Stückwahl sehr passend fand, denn das Haus sei über hundert Jahre alt, und der Hauptakteur steuere ja auch ... nun, das wissen Sie ja.

Der Titel meiner Biografie aus dem Jahr 2008 »Nie war es so verrückt wie immer ...« hat für mich auch heute noch Gültigkeit.

Ich habe gut zu tun, bin nach wie vor mit Lesungen und vielen Veranstaltungen im Lande unterwegs. Und immer wieder werde ich gefragt, woher ich die Kraft dafür nehme. Diese Kraft habe ich einfach, und der Motor dazu sind mein Publikum und meine Frau.

Oft vergleicht man mich mit Johannes Heesters, der noch mit 107 Jahren auf der Bühne stand. Und es folgt die Frage: »Wollen Sie es ihm gleichtun?« Ich achte die schauspielerische Lebensleistung von Jopi sehr, aber ich gedenke nicht, in einen Alterswettbewerb mit ihm zu treten.

Auch die Frage, ob ich mich für die modernen Medien interessiere, taucht immer wieder auf. Na sicher, ohne geht es ja kaum noch. Ich habe eine Home Page, einen YouTube Kanal und eine öffentliche Seite bei Facebook, die ich relativ regelmäßig pflege, und dadurch habe ich auch eine Menge – wie man heute sagt – Follower. Ich lasse sie in bestimmten Momenten an meinem Leben teilhaben, und das dokumentieren sie mit durchweg freundlichen und liebenswürdigen Kommentaren.

Apropos »Moderne Medien/Technik«: Wie sind wir eigentlich vor gar nicht allzu langer Zeit ohne Handy und Navigationsgerät zurechtgekommen?

Hier und heute kann ich ruhigen Gewissens sagen: 99 Jahre – Mensch, das ist doch schon ein ganz schönes Alter ... Aber trotzdem gibt es so vieles auf dieser Welt, was mich hält. Ich kann doch jetzt noch nicht Schluss machen: Meine Frau braucht mich, mein Hund braucht mich! Wenn andere am Geburtstag jammern: »O Gott, schon wieder ein Jahr älter ...«, sage ich: »Ich bin glücklich darüber! Es ist schön: Das Leben geht weiter!«

Bildnachweis

Heike Köfer (S. 14, 42, 66, 132, 172); privat (S. 90, 144)

Eulenspiegel Verlag – eine Marke der
Eulenspiegel Verlagsgruppe Buchverlage

ISBN 978-3-359-01192-7

1. Auflage 2020
© Eulenspiegel Verlagsgruppe Buchverlage GmbH, Berlin
Alle Rechte der Verbreitung vorbehalten. Ohne ausdrückliche
Genehmigung des Verlages ist es nicht gestattet, dieses Werk
oder Teile daraus auf fotomechanischem Weg zu vervielfältigen oder in Datenbanken aufzunehmen.

Umschlaggestaltung: Verlag, Karoline Grunske
unter Verwendung eines Fotos von picture alliance/zb
Druck und Bindung: GGP Media GmbH, Pößneck

www.eulenspiegel.com